中国政府建设与发展报告 2016—2017

——国家治理与政府创新

朱春奎 等著

中国财经出版传媒集团
中国财政经济出版社

图书在版编目（CIP）数据

中国政府建设与发展报告.2016—2017：国家治理与政府创新/朱春奎等著.—北京：中国财政经济出版社，2019.11

ISBN 978-7-5095-9300-4

Ⅰ.①中… Ⅱ.①朱… Ⅲ.①国家行政机关-行政管理-研究-中国 Ⅳ.①D630.1

中国版本图书馆 CIP 数据核字（2019）第 234577 号

责任编辑：贾延平　　　　　　　责任校对：张　凡
封面设计：陈宇琰

中国财政经济出版社 出版

URL：http：//www.cfeph.cn
E-mail：cfeph@cfeph.cn

（版权所有　翻印必究）

社址：北京市海淀区阜成路甲 28 号　邮政编码：100142
营销中心电话：010-88191537
北京财经印刷厂印刷　　各地新华书店经销
787×1092 毫米　16 开　17.5 印张　210 000 字
2019 年 11 月第 1 版　2019 年 11 月北京第 1 次印刷
定价：70.00 元
ISBN 978-7-5095-9300-4
（图书出现印装问题，本社负责调换）
本社质量投诉电话：010-88190744
打击盗版举报热线：010-88191661　　QQ：2242791300

目录

第一篇 公共服务与政府创新

第1章 公共服务合作生产研究进展与展望 ………………………… 3
    1.1 公共服务合作生产及其相关概念 ……………………………… 3
    1.2 公共服务合作生产的类型 ……………………………………… 7
    1.3 公共行政视角下的公共服务合作生产 ………………………… 10
    1.4 服务管理视角下的公共服务合作生产 ………………………… 13
    1.5 结论与展望 ……………………………………………………… 16
    参考文献 ……………………………………………………………… 19

第2章 服务型政府建设的跨部门协同战略 …………………………… 24
    2.1 跨部门协同：整体性服务型政府的合作关系 ………………… 24
    2.2 我国中央政府跨部门协同的基本形式 ………………………… 28
    2.3 国外跨部门协同的结构与形式 ………………………………… 38
    2.4 整体性服务型政府跨部门协同：问题与对策 ………………… 46
    参考文献 ……………………………………………………………… 54

第3章 整体性服务型政府的全口径预算 ……………………………… 56
    3.1 全口径预算：整体性服务型政府的预算管理模式 …………… 56

3.2 全口径预算：国际经验 …… 61
3.3 全口径预算：中国实践 …… 77
3.4 全口径预算在中国：问题与对策 …… 83
参考文献 …… 89

第二篇 电子治理与政府信任

第4章 基于知识图谱的国际电子治理研究回顾及热点透析 …… 97
4.1 研究方法和数据来源 …… 97
4.2 研究文献的时空分布和核心作者、期刊及机构分布 …… 99
4.3 电子治理研究热点知识图谱分析 …… 104
4.4 电子治理的主要研究内容及主题演进 …… 110
4.5 总结 …… 115
参考文献 …… 116

第5章 政府信任的概念测量、影响因素与提升策略 …… 122
5.1 政府信任的概念与测量 …… 123
5.2 政府信任的影响因素 …… 125
5.3 政府信任的提升策略 …… 133
5.4 结论 …… 136
参考文献 …… 137

第6章 使用电子政务是否能够提高公众的政府信任 …… 144
6.1 文献回顾与研究假设 …… 145
6.2 研究设计 …… 149
6.3 实证分析结果 …… 153

6.4　结论与展望 …………………………………………………… 163
参考文献 ……………………………………………………………… 165

第7章　电子治理改善政府信任的途径与策略 ………………… 172
7.1　政府信任：一个互联网时代亟待加强研究的话题 ……… 172
7.2　电子治理：改善政府信任的新技术途径 ………………… 174
7.3　电子治理改善政府信任的相关策略 ……………………… 180
7.4　结论与展望 …………………………………………………… 183
参考文献 ……………………………………………………………… 184

第三篇　跨域治理与区域发展

第8章　跨域治理的概念谱系与研究模型 ……………………… 189
8.1　跨域治理的概念谱系 ……………………………………… 191
8.2　跨域治理的过程模型 ……………………………………… 194
8.3　结语 ………………………………………………………… 204
参考文献 ……………………………………………………………… 205

第9章　政府与非营利组织关系：理论视角与互动模型 ……… 207
9.1　政府与非营利组织关系的理论视角 ……………………… 207
9.2　政府与非营利组织互动的关系模型 ……………………… 210
9.3　结语 ………………………………………………………… 223
参考文献 ……………………………………………………………… 224

第10章　地方政府跨域治理的ISGPO模型 ……………………… 227
10.1　跨域治理的概念与模型 …………………………………… 227

10.2 跨域治理的初始条件 ………………………………………… 229
10.3 跨域合作的结构与治理机制 …………………………………… 230
10.4 跨域合作的过程与结果 ………………………………………… 234
10.5 结语 ……………………………………………………………… 237
参考文献 ……………………………………………………………… 239

第 11 章 长三角城市群地方政府跨域合作与治理研究 ……………… 244
11.1 跨域治理：长三角区域协调发展的新模式 …………………… 244
11.2 长三角城市政府合作的初始条件 ……………………………… 246
11.3 长三角城市政府合作的结构分析 ……………………………… 249
11.4 长三角城市政府合作的过程 …………………………………… 254
11.5 长三角城市政府合作的治理分析 ……………………………… 258
11.6 长三角城市政府合作的结果分析 ……………………………… 263
11.7 结语 ……………………………………………………………… 265
参考文献 ……………………………………………………………… 267

后　　记 ………………………………………………………………… 270

| 第一篇 |

公共服务与政府创新

第 1 章 公共服务合作生产研究进展与展望

如何使政府同时具有民主性和效率性，并建构国家与社会之间的协力关系，以整合国家和社会资源，是公共行政最重要的课题之一（江明修，1995）。公共服务合作生产模式是实践公私部门资源整合的重要策略。作为一种有潜力提高公共服务供给效率和效用的替代性方式，合作生产模式已日益受到关注，并成为当今世界各地公共服务改革议程的重要组成部分（Osborne & Strokosch，2013），且被广泛研究。本章旨在通过对公共服务合作生产研究思路及研究成果的系统梳理，以期从文献整理分析的角度对公共服务合作生产进行深入的理解和探讨，并展望公共服务合作生产的发展方向和前景。

1.1 公共服务合作生产及其相关概念

合作生产概念最初于 20 世纪 70 年代晚期奥斯特洛姆团队在进行城市治理政策研究项目时提出，他们用合作生产概念来描述提供服务的常规生产者与希望借助服务改善生活的公民之间的潜在联系。他们认为，合作生产模式促进了政府行为与公民行为之间的协同增效（Ostrom，

1972）。随着新公共管理运动和全球结社革命浪潮的兴起，服务领域对合作生产模式的研究兴趣逐渐增长，到20世纪80年代，合作生产已成为一个学术界广泛讨论的主题。

合作生产，是指政府（服务代理者）和公民（服务对象）为确保或提升公共服务提供的数量和（或）质量所做的共同资源贡献（Brudney，1983）。合作生产是公共服务领域较为普遍的公民参与方式之一，公民直接参与公共服务中，并对服务内容和服务项目实施产生实际影响，尤其是在需要公民配合来达到既定目标的一些服务中，如教育、卫生保健及犯罪预防等。在这些公共服务中，政府只是在服务交付过程中辅助公民进行服务定制，公民作为合作生产者，是服务定制的主导者。政府为公民提供支持、选择和技术，并给予指导和建议，但政府本身不能单独完成服务改变或转型。政府并非向公民提供最终产品，而是和公民共同完成其所期望的转变（Whitaker，1980）。由于政府对公民意见重视，合作生产模式就需要一种更加积极的公民参与，包括公民向政府发出协助需求，公民为政府提供的帮助以及两者的调适。因此，合作生产是政府与公民进行公共服务供给的活动（Levine，1984）。

合作生产模式意味着政府与公民在公共服务的供给中是同等重要的参与者，政府与公民个人必须一起努力合作生产出满意的公共政策结果。政府是服务生产中的专业人士，被称为"常规生产者"；公民则被视为"消费生产者"，无论是公民个人或团体都是积极的、富有参与性的，他们的合作生产活动或消费者生产行为是为提高服务质量和数量而做出的自愿努力（Brudney & England，1983）。合作生产模式下，常规生产者和消费者都投入某种特定量的资源、时间、劳动或者技术，从而促成某种产品的制造或者服务性活动得以有效进行（Kiser & Percy，1980）。

与其说合作生产是从"顾客"视角出发,倒不如说是从"公民"视角出发,它赋予了政府和公民全新的角色。与传统主流的政府主导、消费者反馈的模式不同,合作生产模式所强调的并非是政府为公民服务,承担服务提升的全部责任,而是将服务交付视作一个涵盖公民和政府代理的联合体。合作生产模式下,政府的角色不仅是对需求的回应,更重要的是将公民发展为合作生产者,公民的角色也由简单的需求表达者和服务消费及评价者转变为服务的创造者(Sharp, 1980)。公民并不只是政府的"顾客",更是公共服务的共同提供者,也是服务质量好坏的共同负责者。

合作生产的范围包括政府服务与公共物品的提供、生产及输送,主要是建立公民个人及其团体与政府之间的合作关系。这种合作关系的建立,并不排斥企业部门的加入,即使参与都是私人部门,只要合乎公共利益,都可以视为合作伙伴关系的建立。但这种合作关系的建立所强调的是责任合作网络的共同建立,而非利害共同体的相互担保(江明修,1995)。其实,这种由公民与政府合作,共同推动与公民利益有关的公共事务的例子,在日常生活中随处可见。例如,小学生家长配合学校教师,辅导或协助孩子做功课;又如,民众将可回收物、有害垃圾、其他废弃物等分类投放,以便市政管理者统一回收和处理。另外,有些组织也负担起合作生产的功能,如文化中心、义工组织、志愿者协会、支教联盟等。

目前,合作生产概念已经从服务输送阶段的服务管理扩展到整个服务价值链(Bovaird, 2007)。公民和专业服务人员之间互相利用彼此优势的所有关系都可归为合作生产,这包括合作委托(如公众参与决策、参与式预算)、合作设计(如用户咨询委员会)、合作评估(如家庭医生在线满意测评),以及合作递送(如专家患者)等(Bovaird, Van

Ryzin，Loeffler & Parrado，2015）。奥尔福德甚至将合作生产视为政府机构外的任一个体的积极行为，这些行为或与机关的服务生产有关，或独立于政府，但受政府行为影响，这些行为至少部分是自愿的，或有意或无意地创造了私人和（或）公共价值。这种价值可能是有形的，也可能是无形的（Alford，2009）。总之，合作生产是政府作用与公民作用协同增效的一种方式（Ostrom，1996），它着眼于个人或公民团体，既强调协作又强调竞争（Fotaki，2011），是合作双方的资产、资源和贡献的共享，其目的是为了获得更好的结果或提高效率（Bovaird et al.，2015）。

合作生产与合作治理、合作管理的含义相近，都是对多主体合作关系的描绘。但合作生产侧重对服务用户作用的描述，属于微观层次分析，而合作管理与合作治理分别侧重分析的中观和宏观层次（Brandsen & Pestoff，2006）。合作治理强调的是潜在利益相关者间的现有信任网络和互惠关系，由来自多个部门（公共、私人以及非营利部门）的利益相关者采取建立、督导、促进和监控跨部门组织合作的制度安排，以协调各自独特属性和资源，具有共同努力、互惠期望和自愿参与的特征（Tang & Mazmanian，2010）。合作治理旨在制定实施公共政策以及管理公共事物或资产，强调集体决策过程的协商一致，涵盖从面对面对话，到建立信任、承诺，再到达成共识、形成结果的过程（Ansell，2008）。合作管理最初用于环境和资源的多主体治理，是区别于政府集中控制和私有产权交换的第三类资源管理方式。由于政府和地方资源使用者共享资源的权力和责任，那么核心是权力的界定和分散化（Plummer & Fitz Gibbon，2004）。合作管理既涉及合法性和依从性，也与正义、公平以及授权相关，所蕴含的基本思想是，受管理决策影响的人对决策制定有发言权（Natcher，Davis & Hickey，2005）。整体而言，合作治理模式突出的是公众对公共服务计划和输送安排过程的参与。合作治理侧重政策的制定和形成，强调公众参与对政策决策的作用，合作管理与合作生产侧重政策的实施和执行（Brandsen & Pestoff，2006）。合作管理是从主体权力和责任的角度，强调利益相关者的参与，而严格意义上的合作生产是指公民部分参与公共服务生产，或者在政府资助和监管下完全自主地提供公共服务（Pestoff，Osborne & Brandsen，2006；Brandsen & Pestoff，2006）。

1.2 公共服务合作生产的类型

合作生产可以采取多种多样的形式。在合作生产中，有的服务可能只涉及公民个体，如长期慢性病患者经医生指导给新患者传授生活保健知识，有的服务也涉及以组织形式发挥作用的公民团体，如社区居委会为社区老人提供照料服务。组织参与合作生产的形式有些较简单，有些较先进或高级，如简单的合作生产形式可能是社区组织协助监管某些市政项目或服务，更先进或高级的合作生产形式是公民团体承担了项目运作的重要责任，有时甚至承担特殊服务的行政管理（Thomas，1995）。关于合作生产的类型，不同研究者从多个角度对合作生产进行了细致的分类，如依据政府与公民互动的形式、公民参与的态度、合作的规模、产生合作的层面等。

惠特克（Whitaker，1980）认为，合作生产通常所涉及的活动包括公民向服务代理寻求支持、协作实施项目以及相互谈判调整服务预期等，由此区分了合作生产的三种宽泛类型：第一，公民需要公共机构提供协助，例如呼叫警队或消防队。公民的服务诉求是公共机构大量工作的一种操作化定义，认识到公共机构在服务项目中依赖于公民的服务诉求和所表达的问题，对于改进服务交付十分重要。第二，公民向公共机构提供协助，例如志愿消防员。在公共项目中，随着为实现共同目标的家庭或小群体关系的持续削弱，公民的合作变得日益重要。与公共机构合作追求共同目标是政治参与的一种重要形式。第三，公民与公共机构间互动以调整各自的服务预期与行动，例如发生在教师与学生间的互动。相互调整通过将公民个人的独特考虑引入公共机构的服务活动来影响公共政策，通常最终综合的影响可能是改变程序而不是建立新程序。

里奇（Rich，1981）认为在合作生产过程中，公民会无形中影响服务交付，甚至导致服务质量下降，例如，如果公民没有防火意识，可能会增加火灾救助的成本。参与者的态度会影响合作生产结果，而合作生产从结果上看分为积极合作生产和消极合作生产。消极合作生产涵盖有意识或无意识的不作为行为，这些行为将导致不利的影响；积极合作生产需要有意识的行动，它通常能有利的影响。此外，根据参与者态度的不同，合作生产还可以区分为主动合作生产和被动合作生产，这两种形式都可能产生积极的结果或消极的结果。如主动的积极合作生产行为有公民在社会服务机构中担任志愿活动、创建社区居民治安组织；被动的积极合作生产行为有不乱丢垃圾、不破坏公共财产；主动的消极合作生产行为有违章停车、未经获准的街头活动等；被动的消极合作生产行为有未能及时报警、未消除火灾隐患等。

布鲁德尼和英格兰（Brudeny & England，1983）区分了三种类型的合作生产活动，分别为个体合作生产（Individual Coproduction）、团体合作生产（Group Coproduction）和集体合作生产（Collective Coproduction）。个体合作生产活动依据输送服务的性质可采取两种形式：其一为教育、卫生保健和犯罪预防等"软"服务，这些服务代表一种"俘获"的合作生产，因为公民除了参与外没有其他选择，公民在很大程度上没有选择而不得不参与服务中；其二为公民为自身消费所采取的积极的、自愿的参与行为，如火灾警报、故障报修等，这类个体合作生产的组织性和协作性很低，对城市的贡献也相对较小，且很难与公民职责区分开。

团体合作生产涉及一定数量公民的自愿的、积极的参与行为，通常需要通过政府与公民团体之间的正式合作机制来实现，如由社区警卫小组或社区成员组成的致力于改善服务质量和增加服务数量的协会，主要发挥着聚合需求和资源池的功能，但利益通常只在选定的少数人中实现，且这些少数人通常是已享有较好生活质量的群体。集体合作生产，是指不论哪些公民参与集体物品的合作生产，整个集体都将受益的参与供给方式，这是基于集体物品消费的不可排他性进行的分类，是一个重新分配利益的过程。

奥斯本和斯托克奇（Osborne & Strokosch，2013）在运营、战略和服务三个层面上区分了合作生产的模式，分别为消费者合作生产、参与式合作生产和增强型合作生产。消费者合作生产注重用户在服务生产过程中操作阶段的参与，它源自服务接触时生产和消费的不可分割性，旨在平衡用户服务期望与服务体验间的关系，其目的是用户授权。参与式合作生产关注用户在规划和设计阶段的参与，旨在通过该阶段的参与机制提高现有公共服务的质量，这些机制包括用户咨询、参与式规划等，其目的是用户参与。增强型合作生产侧重实际服务阶段，它将公共服务操作层面的消费性机制与规划层面的参与性机制结合起来，形成以用户为主导的公共服务交付新系统，其中，用户的角色被明确界定为对转型创新的驱动力，通过消费者个性化定制和策略参与的整体需求表达实现对公共服务的协同创新和持续性绩效。

1.3 公共行政视角下的公共服务合作生产

公共服务合作生产模式的精髓在于公私部门基于公民参与精神,共同整合国家、社会、企业和公民的资源及力量,以提供更优质的公共服务(江明修,1995)。公共服务的合作生产模式是公民参与政策过程的一种具体途径,强调公民是公共服务生产与质量提升的积极合作者,公民通过合作的机制而获得对公共事务的"控制"与影响,以实现公民的参与权(党秀云,2003)。合作生产模式是超越"更多的服务,更少的税收"两难困境的一条新途径,也是一种区别于传统公共服务治理模式的新理念(陈建国,2012)。

传统官僚行政模式下,公共部门处于公共服务供给的绝对主导地位,独享公共服务决策、筹资、生产安排以及具体供给的权力。公民则处于公共服务供给的消极等待地位,无法直接参与公共服务的提供过程中,只能依赖评价、投诉、建议等一定渠道表达自身对公共服务的需求,施加对公共部门的影响,从而间接影响公共服务供给。传统官僚行政严格遵循一套官僚体系下的制度、规则和程序进行公共服务的生产和输送。传统官僚行政下的公共服务供给忽略了公民参与,也缺乏对公民偏好的回应,这一语境下的合作生产模式仅仅是辖区居民和组织服务对象最大化参与公共服务输送的一种方式。

20 世纪 80 年代,席卷全球的新公共管理运动把政府与公民的关系重塑为企业和顾客的关系,将公民视为政府的顾客,赋予了公民一定的公共服务话语权,倡导为公共服务供给建立一个更为管理化和市场导向化的框架,强调以市场和竞争作为公共服务供给资源的配置机制,主张采用私部门的经验改革公共服务输送(Alford & Hughes,2008)。新公共管理打破了公共部门包揽公共服务决策和生产的传统模式，人们逐渐意识到，政策制定（掌舵）与服务提供（划桨）可以分离。服务安排者（亦称服务提供者）可以指派生产者给消费者，可以指派消费者给生产者，或选择服务的生产者。服务的生产者可以直接组织生产，或者直接向消费者提供服务，它可能是政府单位、特别行政区、市民志愿组织、私人企业、非营利机构，有时甚至可以是消费者自身（Savas，2000）。公共服务供给的安排与生产相分离，使得供给主体的多元化成为可能。随着公共服务供给主体的多元化发展，民营化、合同外包、业务分担、合作生产、解除管制、自愿协会等供给方式，已成为政府适应环境变迁、提升国家竞争力及增进合法性的重要政策工具（陈芳，2011）。但从根本上看，新公共管理运动并未改变公共服务过程中政府与公民的实质关系，新公共管理运动把公民视为政府的顾客，而非政府的"老板"，将公民与政府之间的复杂关系简化为市场上的买卖关系，因而降低了公民在治理中的角色与责任，难以培养公民的主动积极精神或公民美德（吴琼恩，2002；陈建国，2012）。

新公共治理是21世纪初建立起来的一种管理模式和理论，力图将政治与技术，即价值理性和工具理性结合起来，超越传统公共行政和新公共管理的两分法。新公共治理是作为新公共服务对新公共管理提出批评后建立起来的一种新的模式，其批判了以往公共管理理论单纯强调管理过程和组织内管理，从而忽略组织间关联的现实，认为大部分公共管理理论的概念大多来自制造业的生产导向理论（Osborne，2010）。它建构的服务主导的理论和方法将公共政策的执行以及公共服务的提供置于中心，从服务方而不是生产方（传统公共管理理论的出发点）的角度重新诠释了以多组织和多元主义为特点的西方国家公共服务的过程（竺乾威，2016）。新公共治理理论所提出的服务导向理论认为，合作生产是公共服务提供过程中的固有且不可分割的组织部分，合作生产出现在公共服务的提供、生产及输送等各个环节，是在这些节点上公共部门与公民的互动过程与伙伴关系的构建。新公共治理理论建构了公共服务过程中一种全新的政府与公民的关系，它试图将企业家精神与成本效益分析等带入政府服务功能中，强调个人或团体的自愿性协作和共同承担公共责任的自觉性，通过合作关系的建构，实现公民个人及团体与政府共同进行公共事务的执行和公共建设。

传统政府主导的公共服务供给和新公共管理运动带来的变化，都没有抓住 21 世纪公共服务的设计、提供和管理的复杂现实，都未能充分考虑服务用户所拥有的服务生产、服务改进和服务创造功能。传统官僚行政留给公民参与公共服务的空间有限，新公共管理主张公共服务供给主体的多元合作，将公共服务的不同环节在公共部门、私人部门及第三部门间区分开，服务使用者只能被这些专业服务机构邀请进合作生产的过程（Brandsen & Pestoff, 2006）。传统官僚行政理论和新公共管理理论都存在忽略公共服务是服务的本质，将公共服务的生产、提供割裂开。新公共治理理论弥补了这一不足，所提出的服务导向理论把公共服务过程重新描绘为服务使用者在各个环节合作生产和互动的过程。

整体而言，公共行政视角下合作生产的研究已认识到公共部门不再是公共服务的唯一责任者和安排者，公民也不再仅仅是公共服务的需求者、消费者和评价者（Pestoff, 2006）。公共服务的合作生产使得很多原来由公民消费的产品和服务具有了公民参与的特征，同时涉及了地方政府、公民、专业人士、各种自助群体、用户群体等多元主体（Pestoff, 2006；周晨虹, 2016）。

1.4 服务管理视角下的公共服务合作生产

服务管理主要遵循的是一套服务主导的逻辑。这种以服务为中心的观点是一种以顾客和关系为导向的观点，它强调互动、整合、顾客定制化和合作生产（Vargo & Lusch，2004）。在服务主导逻辑下，顾客是价值的共同创造者，传统工业经济下的"制造、营销、服务"的价值产生过程被彻底颠覆，转变为"倾听、定制化、共同创造价值"（Payne, Storbacka & Frow，2008）。在服务消费过程中，顾客进入生产过程，并在生产过程中开始服务消费；而在制造业中，顾客消费是在企业的产品生产完成之后才开始的（Gummesson，1998）。

顾客参与是服务生产和传递的必需环节，合作生产是一种高参与水平的顾客参与方式。合作生产，是指顾客通过分享发明、共同设计、合作生产等形式，参与核心提供物的创造之中（Lusch & Vargo，2006）。合作生产是顾客与企业的联合行为，对于大多数服务系统，当顾客出现时，服务才能开始，而离开顾客的积极参与，服务就不能完成。事实上，现有的服务管理和营销模型都有一个基本假设，即顾客参与服务的生产过程和消费过程，并在服务的生产和消费过程中形成对服务质量的感知，如顾客通过网上银行付款或者是用手机发送短信也会产生类似感知（Grönroos，2000）。在这些互动过程中，顾客作为合作生产者，直接影响服务的过程，如果顾客不能有效地胜任这一角色，不能实质性地参与要求他们必须参与的服务中，将危及服务结果的质量。例如，疾病康复或减肥，顾客必须在专业的监督下参与服务（Lovelock & Wirtz, 2016）。

合作生产是一个动态的过程，艾加（Etgar，2008）将顾客参与合作生产分为了五个阶段：合作生产的前置条件、顾客参与合作生产的动机、合作生产的成本-收益分析、顾客实际参与合作生产的行为、合作生产的结果及对过程结果的评估。艾加认为，宏观经济条件以及顾客、产品和情境相关的因素都是影响合作生产的前置因素。顾客参与共同的动机包括经济驱动、心理驱动和社会驱动。经济驱动是顾客在合作生产中渴望获得的成本节约和感知风险的降低，心理驱动是在参与合作生产的消费者希望获得的内在价值和外在价值。社会驱动是顾客由于参与合作生产而建立的新的社会联系和社会网络资源。参与产品行为要付出成本，包括经济成本和非经济成本，如参与时物质资源的投入；非经济成本主要是合作生产努力中的心理和社会损失，顾客要对参与合作生产付出的成本和获得的收益做出比较和权衡，从而做出决策（武文珍，2016）。

在日常服务活动中，顾客参与服务的合作生产必不可少。与有形产品生产不同，服务是一个开放的系统，顾客直接参与服务生产和传递过程，打破了制造业的封闭生产系统假设（范秀成，2006）。服务系统的这种开放性，使顾客在服务生产和传递过程中就与服务人员发生了互动，顾客所接受的服务产出，并不完全是由企业服务人员所决定，顾客作为生产者会通过自己适当或不适当的、有效或无效的、主动或被动的行为对服务质量和效率产生影响。顾客作为服务生产现场的积极参与者，通过提供信息与完成某些特定任务，协助服务人员进行服务生产和传递，例如，病人积极配合医生并真诚地交换意见，有助于提高服务质量。同时，服务需求策略的调整要求顾客必须作为合作生产者参与进来，因为服务需求直接影响服务提供者的服务能力，而服务需求明显地随着时间而变化，如随小时变化（如餐馆）、随日期变化（如旅游）、随季节变化（如滑雪胜地）（许晖，2015）。顾客参与能帮助调整他们的需求时间，以便与可获得的服务相匹配，提高服务定制的程度。

在服务过程中，顾客也扮演着服务组织的生产资源或兼职员工的角色。例如，在自助餐厅，顾客自己选取食物并拿回到餐桌上，顾客从ATM机中提取存款的一系列操作都是由自己完成的。在这些服务提供过程中，顾客被当成了积极的生产要素，他们承担了一部分本应由员工执行的工作，从而成为"部分员工"（范秀成，2006）。顾客进入服务生产过程，并在生产过程中开始服务消费，从某种意义上讲，顾客作为服务的合作生产者是在进行自我服务，例如，顾客根据个人爱好选择沙拉的数量和种类。互联网等电子科技的发展拓展了顾客合作生产的新机遇，一大批自我服务技术（SSTs）允许顾客独立生产服务，而不需要服务员工参与。自我服务技术包括自助银行终端、超市结账口的自助扫描、自助加油泵、自助电话系统、自助旅店结账以及众多的基于网络的服务（Lovelock & Wirtz，2016）。

随着Web2.0时代的到来和用户生成内容（User Generation Content）现象逐渐增多，消费者在服务中的价值创造地位尤为凸显。随着研究的深入，越来越多的学者认为，顾客在价值创造中处于主导地位，而无论是服务主导的逻辑，还是产品主导逻辑，实质都是产品或服务的提供者主导（Heinonen et al.，2009）。合作生产更多地是将企业外资源，如顾客资源，内部化或整合到企业中，目的是提高企业的产出。顾客资源只是企业实现自身目标的一个手段和方法，顾客的参与是被动的，顾客虽然能由此得到补偿，但整个参与活动是在企业的主导和设计、安排下进行的，顾客在参与中的选择权利很小，参与的主动性有限，因而合作生产是以企业为导向和中心的理念（武文珍，2016）。在这种情况下，传统的提供者占主导的逻辑应该由顾客主导逻辑所取代。在顾客主导逻辑下，消费者将企业提供的资源（产品或服务）与自己其他可供利用的资源和技能相结合,在生产实践中为自己创造价值(Gronroos,2009)。顾客主导逻辑更是提高了顾客在服务消费过程中的地位,顾客成为服务价值的主要创造者。

整体而言,服务管理理论将合作生产视为服务供给中一个重要的且不可分割的核心组成部分,这一定位重新定义了对服务供给过程和为实现服务结果的公共管理角色的理解。服务用户而不是政策制定者或专业服务机构成为服务供给创新的中心,因此,服务机构需积极主动地探寻、理解和满足用户潜在或未来需求,而不是简单对现有或当前所表达的需求做出回应。合作生产不仅能够加强公共服务供给机构和公民以及服务用户间的互动,而且它还能创建、维护和终止不同的参与提供公共服务的供给机构间的关系,以及公共服务供给机构和服务用户间的关系。

1.5 结论与展望

综上所述,公共服务合作生产作为一种极具社会化和创新性的公共服务提供方式,已经成为国际公共管理研究的前沿领域和热点议题,并逐渐发展为政府治理的重要工具。合作生产策略被认为是一种能够解决政府财政压力的有力工具,是一条通往修复公众对政府信任和支持道路的良好开端(Levine,1984)。合作生产将政府的角色从生产者、购买者、监督者和补贴者扩展到一个更为广泛的范畴,将公民的角色从政府的顾客拓展为公共服务的共同提供者和服务质量好坏的共同负责者。合作生产模式构建起政府与公民间的互动合作关系,使公民拥有参与公共事务的机会,真正超越了公共服务生产提供过程中政府与公民关系的传统思维。合作生产模式集合了不同主体所掌握的经验和知识,能有效实现资源的分配和整合。合作生产模式对政府服务功能、绩效及其质量的改进，有相当实际和正面的贡献，通过人与人面对面的接触可以加强公民对社区和组织的忠诚感（江明修，1995）。

公共行政领域对合作生产的理解大多来自将生产和消费分离的产品导向逻辑，忽视了关于服务管理的专门性的理论和文献（Brown & Osborne，2013）。虽然20世纪90年代公共服务供给的消费主义运动很大程度上借鉴了服务管理理论元素，但实际上并没有理解服务的整个过程逻辑（Jung，2010；Powell, Greener, Szmigin, Doheny & Mills，2010）。21世纪初兴起的新公共治理理论在一定程度上跳出了制造业的生产导向逻辑，但在服务管理方面仍有相当大的拓展空间。服务管理理论强调了服务的独特特征及其对管理的影响，主张采用整体性和系统性的方法提供公共服务，认识到服务用户预期和体验对公共服务绩效的重要作用。通过服务管理理论的融入，能提升对服务使用者参与公共服务合作生产性质和机理的理解，也有助于理解服务输送中合作生产者的内在角色，以及与用户授权的关联。

服务管理无疑将合作生产视为服务供给中一个重要的且不可分割的核心组成部分，但服务主导逻辑下，顾客的参与活动大多是在企业的设计和安排下进行的，顾客所拥有的选择权利很小。虽然日益凸显的顾客主导逻辑强调了顾客在服务价值创造中的主导地位，但出于公共服务的公共性和公共利益导向，来自私营部门的经验仍需结合公共管理理论思想。总体看来，服务管理视角下的合作生产模式没有融入政治和政策语境下公共服务设计与安排等环节的特征（Osborne & Strokosch，2013）。公共行政理论所强调的参与模式则是通过民主的政治途径，来扩大公民在公共服务供给的政策决策和执行过程中的自治空间（Peters，2001）。从公民权利模式解释和建构公共服务合作生产，使得对公众参与的强调不再完全是基于市场的成本效益计算,而主要是基于公民参与是公民的基本权利,是民主政体中公共政策制定和执行的必要组成部分。

公共行政理论和服务管理理论分别从公民参与和顾客参与的角度对公共服务合作生产模式进行了研究探索,并取得了丰富的研究成果。然而,无论是公共管理视角的合作生产研究,还是服务管理视角下的合作生产研究都尚存在一定的局限性(Osborne,2010;Brown & Osborne,2013;Osborne & Strokosch,2013)。公共行政视角与服务管理视角的融合,能够相互弥补单一视角下研究的不足,为合作生产研究的进一步发展提供了新的思路。公共服务合作生产改变了关于政府与公民之间关系的传统思维,通过政府与公民间互惠合作关系建构来改善公共服务绩效已在西方社会治理实践中得到了良好的运用,西方学界也就合作生产的概念、类型、理论依据和研究范式等形成了一套较为成熟的体系。相比之下,我国学界对公共服务合作生产的研究尚处于概念引入阶段,在公共服务供给研究中对公民角色的关注远少于对政府及市场的关注(陈建国,2012)。近年来,我国政府在公共服务领域进行了大刀阔斧的民营化、社会化和专业化的改革,也取得了一定的成绩,但在一定程度上,我国公共服务供给实践中未能充分凸显公民主体身份的认知。随着所面临财政压力日益增大和公民的公共服务要求和期望日益提高,政府必须寻求公共服务供给的其他路径。合作生产模式在激励公民参与、调动社会资源等方面无疑展现了其强有力的生命力,公共服务合作生产模式有望成为提升公民对公共服务满意度和获得感的新方向。值得注意的是,产生于西方政治文化背景下的合作生产模式,在中国语境下如何发挥其效用有待进一步思考和探究。如何构建本土化的公共服务合作生产分析框架,如何将公民参与合作生产纳入当前公共服务供给机制当中,如何引导和鼓励公民在公共服务中的积极参与……这些问题的深入研究对我国公共服务管理研究的发展具有重要意义，必将成为我国公共管理研究的重要内容，并将在我国公共服务供给侧改革和获得感提升过程中发挥重大作用。

参考文献

1. 陈芳（2011）．公共服务中的公民参与——基于多层次制度分析框架的检视．北京：中国社会科学出版社．

2. 陈建国（2012）．合作生产理论与公共服务治理的思维转换．天津行政学院学报，14：63—67．

3. 党秀云（2003）．论公共管理中的公民参与．中国行政管理，10：32—35．

4. 范秀成（2006）．服务管理学．天津：南开大学出版社．

5. 江明修（1995）．公共行政社区主义的理论与策略：整合国家与社会．政治大学学报，70：159—195．

6. 吴琼恩（2011）．行政学．台北市：三民书局股份有限公司．

7. 武文珍（2016）．顾客参与 共创价值．沈阳：东北大学出版社．

8. 许晖（2015）．服务营销．北京：中国人民大学出版社．

9. 周晨虹（2016）．合作生产、社会资本与政府公共服务绩效．公共管理与政策评论，5：5—12．

10. 竺乾威（2016）．新公共治理：新的治理模式？．中国行政管理，7：132—139．

11. Alford, J. & Hughes, O. (2008). Public Value Pragmatism as the Next Phase of Public Management. *American Review of Public Administration*, 38(2): 130–148.

12. Alford, J. (2002). Why do public-sector clients coproduce? Toward a contingency theory. *Administration & Society*, 34 (1): 32-56.

13. Alford, J. (2009). *Engaging Public Sector Clients: From Service Delivery to Co-production*. New York: Palgrave Macmillan.

14. Ansell, C. (2008). Collaborative Governance in Theory and Practice. *Journal of Public Administration Research and Theory*, 18 (4): 543-571.

15. Bovaird, T. (2007). Beyond Engagement and Participation: User and Community Coproduction of Public Services. *Public Administration Review*, 67 (5): 846-860.

16. Bovaird, T., Van Ryzin, G., Loeffler, E. & Parrado, S. (2015). Activating Citizens to Participate in Collective Co-production of Public Services. *Journal of Social Policy*, 44 (1): 1-23.

17. Brandsen, T. & Pestoff, V. (2006). Co-production, the Third Sector and the Delivery of Public Services. *Public Management Review*, 8 (4): 493-501.

18. Brown, L. & Osborne, S. (2013). Risk and Innovation: Towards a Framework for Risk Governance in Public Services. *Public Management Review*, 15 (2): 186-208.

19. Brudney, J. L. & England, R. E. (1983). Toward a Definition of the Coproduction Concept. *Public Administration Review*, 43 (1): 59-65.

20. Brudney, J. L. (1983). The Evaluation of Coproduction Programs. *Policy Studies Journal*, 12 (2): 376-385.

21. Etgar, M. A. (2008). Descriptive Model of the Consumer Co-production Process. *Journal of the Academy of Marketing Science*, 36 (1): 97-108.

22. Fotaki, M. (2011). Towards Developing New Partnerships in Public

Services: Users as Consumers, Citizens and/or Co-producers Driving Improvements in Health and Social Care in the UK and Sweden. *Public Administration*, 89 (3): 933-955.

23. Grönroos, C. (2009). Towards Service Logic: The Unique Contribution of Value Co-creation. Hanken School of Econimics Working Paper.

24. Grönroos, C. (2000). *Service management and marketing: Managing the moments of truth in service competition*. New York: Wiley.

25. Gummesson, E. (1998). Productivity, Quality and Relationship Marketing in Service Operatons. *International Journal of Contemporary Hospitality Management*, 10 (1): 4-15.

26. Heinonen, K., Strandvik, T., Mickelsson, K., Edvandsson, B., Sundstrom, E. & Anderson, P. (2009). Rethinking Service Companies' Business Logic: Do We Need a Customer-dominant Logic as a Guideline? Hanken School of Econimics, 1-18.

27. Jung, T. (2010). Citizens, Co-producers, Customers, Clients, Captives? A Critical Review of Consumerism and Public Services. *Public Management Review*, 12 (3): 439-446.

28. Kiser, L. L. & Percy, S. L. (1980). The Concept of Coproduction and Its Implications for Public Service Delivery. Bloomington: Workshop in Political Theory and Policy Analysis.

29. Levine, C. H. & Fisher, G. (1984). Citizenship and Service Delivery: The Promise of Coproduction. *Public Administration Review*, 44: 178-189.

30. Lovelock, C. & Wirtz, J. (2016). Services Marketing: People, Technology, Strategy. Hackensack: World Scientific Publishing Co. Inc.

31. Lusch, R. F. & Vargo, S. L. (2006). Service-dominant Logic:

Reactions, Reflections and Refinements. *Marketing Theory*, 6 (3): 281 -288.

32. Natcher, D. C., Davis, S. & Hickey, C. G. (2005). Co - management: Managing Relationships, not Resources. *Human Organization*, 64 (3): 240 -250.

33. Osborne, S. P. & Strokosch, K. (2013). It Takes Two to Tango? Understanding the Co -production of Public Services by Integrating the Services Management and Public Administration Perspectives. *British Journal of Management*, 24: S31 -S47.

34. Osborne, S. P. (2010). Delivering Public Services: Time for a New Theory? *Public Management Review*, 12 (1): 1 -10.

35. Ostrom, E. (1996). Crossing the Great Divide: Coproduction, Synergy, and Development. *World development*, 24 (7): 1073 -1087.

36. Ostrom, E. (1972). Metropolitan Reform: Propostions Derived from Two Traditions, *Social Science Quarterly*, 53: 474 -493.

37. Payne, A. F., Storbacka, K. & Frow, P. (2008). Managing the Co -creation of Value. *Journal of the Academy of Marketing Science*, 36 (1): 83 -96.

38. Pestoff, V. (2006). Citizens and Co -production of Welfare Services: Childcare in Eight European Countries. *Public Management Review*, 8 (4): 503 -519.

39. Pestoff, V., Osborne, S. P. &Brandsen, T. (2006). Patterns of Co -production in Public Services. *Public Management Review*, 8 (4): 591 -595.

40. Peters, B. G. (2001). *The Politics of Bureaucracy*. New York: Routledge.

41. Plummer, R. & Fitz Gibbon, J. (2004). Some Observations on the Terminology in Cooperative Environmental Management. *Journal of Environmental*

Management, 70 (1): 63 -72.

42. Powell, M., Greener, I., Szmigin, I., Doheny, S. & Mills, N. (2010). Broadening the Focus of Public Service Consumerism. *Public Management Review*, 12 (3): 323 -340.

43. Rich, R. C. (1981). Interaction of the Voluntary and Governmental Sectors toward an Understanding of the Coproduction of Municipal Services. *Administration & Society*, 13 (1): 59 -76.

44. Savas, E. S. (2000). *Privatization and Public - private Partnerships*. New York: Chatham House.

45. Sharp, E. (1980). Toward a New Understanding of Urban Services and Citizen Participation: the Coproduction Concept. *American Review of Public Administration*, 14 (2): 105 -118.

46. Tang, S. Y. & Mazmanian, D. A. (2010). Understanding Collaborative Governance from the Structural Choice. *Politics, IAD, and Transaction Cost Perspectives*, 3: 25 -37.

47. Thomas, J. C. (1995). *Public participation in public decisions: New Skills and Strategies for Public Managers*. San Francisco: John Wiley & Sons, Inc.

48. Vargo, S. L. & Lusch, R. F. (2004). Evolving to a New Dominant Logic for Marketing. *Journal of Marketing*, 68 (1): 1 -17.

49. Whitaker, G. P. (1980). Co - production: Citizen Participation in Service Delivery. *Public Administration Review*, 40 (3): 240 -246.

第 2 章　服务型政府建设的跨部门协同战略

促进政府内部横向协作的挑战是公共行政的一个永恒的主题（Peters，1998）。社会经济的快速发展导致公共问题的复杂化和超边界化、政府治理组织结构和公共服务供给的碎片化，以及社会管理和公众需求的复杂化和多样化，使服务型政府的组织结构面临严峻的协调性问题。构建基于跨部门协同的整体性服务型政府为解决这一困境提供了一种具有可行性的解决之道。本章在阐释跨部门协同的内涵及其对整体性服务型政府建设的内在关联的基础上，分析了中国中央政府跨部门协同的基本形式。同时，在借鉴加拿大与澳大利亚中央政府跨部门协同的成功经验的基础上，提出了完善和发展我国政府跨部门协同机制的政策建议。

2.1　跨部门协同：整体性服务型政府的合作关系

跨部门协同有广义和狭义之别。广义上的跨部门协同，和公私伙伴关系含义接近，是公共部门、私人部门以及第三部门为处理共同面临的问题而建立起来的合作关系。狭义上的跨部门协同，是政府内部横向的职能部门和纵向上下级对口职能部门之间的互动关系。本章中的跨部门协同，指的是中央政府横向的职能部门为实现共同的组织目标而建立起来的合作关系。跨部门协同的实质是跨越组织边界进行合作管理。整体性服务型政府强调通过应用现代信息和网络技术，建立跨部门、跨机构、跨组织的协同治理结构来解决公共服务碎片化问题，发展和促进公共服务供给主体之间的合作关系，为公众提供无缝隙的整体性的公共服务和产品。

整体性服务型政府跨部门协同的核心任务是加强组织协调，消除公共服务的碎片化，减少管理的重叠和重复，提供具有整体性和连贯性的公共服务。跨部门协同的内容非常广泛，概括来说主要六个方面：一是组织机构、功能、运行机制之间的协同；二是公共政策制定中的协同（Perri，2004；Management Advisory Committee，2004；周志忍、蒋敏娟，2010）；三是执行以及项目管理中的协同（Management Advisory Committee，2004；Perri，2004）；四是公共服务供给中的协同（鹿斌、周定财，2014；Management Advisory Committee，2004；Perri，2004）；五是跨部门的组织信息整合；六是跨部门的文化整合。组织机构之间的协同是跨部门协同的基础，是政策协同、项目协同和公共服务供给协同的组织基础，而组织信息整合和组织文化整合则是跨部门协同的最核心的辅助性工具。

跨部门协同的首要内容是部门之间的组织协同，包括组织结构、功能和运行机制之间的协调一致。从结构功能主义的角度来看，通过新的组织设计和机构重组以实现组织功能的整合，是整体性服务型政府的中心目标；从工具主义的角度来看，建立组织机构之间的整合机制是跨部门协同改革的关键性举措。建立和加强组织机构之间协同有两种方式。一种方式是加强横向协调，在横向部门之上设置一个控制权威，这种方式（也是最传统的）具有较高的确定性和效率。例如，我国的议事协调机构，但这绝不是解决横向问题的唯一方法（Peters，2006）。另一种方式是在横向部门建立协商式的组织结构（施雪华，1997），例如我国的部际联席会议。这种方式在传统的组织边界之内注重组织各要素之间的协商和合作，以达到组织功能和运行过程的协同。

协商和合作是整体性服务型政府的应有之义，合作是协商而不是等级命令的结果，一些边界清晰、结构分散的组织机构通常通过广泛协商和折中平衡来实现协同合作的目的。此外，加强部门合作的传统方式主要是合并机构和厘清权限。前者是通过"机械式"的结构合并，以减少横向部门之间的职能交叉，但这种改革方式很有可能将部门之间的冲突变为部门内部的冲突。后者是通过划清不同职能之间的职责权限，以减少部门之间的权力重叠。这种改革方式的问题在于，社会问题的复杂性和突变性以及各部门的自由裁量权，使得完全厘清各部门的职能是不现实的。

公共政策制定的协同，指的是政策制定过程中对跨部门问题进行管理，这些问题超越了既有政策领域的边界，也无法与单个部门的机构职责协调一致。通过加强政策整合，减少政策之间的相互干扰来实现公共政策制定的协同性。整体性服务型政府的跨部门协同坚持合作主义的政策导向，力求在政策制定中注重不同部门之间的政策整合，从政策过程的开始阶段就致力于解决决策碎片化问题，以实现政策的一致性（Meijers et al.，2004）。例如，1999年英国发布《政府现代化》白皮书明确提出，建立"协同政府"的首要任务就是加强中央各部门之间的政策协调。改革采取的主要措施是在首相办公室成立多个跨部门的专项任务小组（Task Force），这些小组研究一些涵盖面比较广泛的政策问题，规划政策方案，并拨款执行。公共政策制定中的协同通常包括以下基本要求：更多的互动、可及性和配合度，以建立起更紧密的相互依赖关系；

更多正式的制度安排；涉及更多的资源；要求利益相关者放弃各自为政；按照特定的时间、地点和行动者进行更多的利益综合安排。

整体性服务型政府着力解决政策执行与项目管理过程中的跨部门协同问题，将竞争性执行向合作性执行转变，加强政策执行层面的整合，建立政策执行与管理机构之间的合作关系。整体性服务型政府的跨部门协同要求在执行机构之间进行有效的战略管理，为执行机构之间的合作提供弹性化的支持（解亚红，2004）。例如，英国通过《公共服务协议》在内阁、政府各部门和执行机构之间实现了战略方向和组织目标的有机整合（Pollitt，2003）。跨部门协同需要对各执行机构的目标进行控制，使其与预期的政策目标相一致，达成目标共识。围绕共识进行沟通与协商、协作与整合、监督与控制。因此，各执行机构需要一起制订执行方案和工作计划，共同设计执行绩效的评估标准。跨部门协同通过将竞争性执行转变为合作性执行来有效地整合各执行机构的资源，充分发挥各部门的相对优势，最大化地实现政策目标。

整体性服务型政府的核心目标和出发点是改善公共服务，它要求通过协调和整合实现公共服务主体之间的跨部门合作，打破部门分立、各自为政的公共服务供给模式，提高公共服务供给的整体性和连续性。整体性服务型政府通过跨部门协同，将不同部门具有相关性公共服务及其供给模式和框架进行整合，使碎片化的公共服务供给统一起来。跨部门协同作为常态化、制度化和程序化的工作机制，把中央政府的不同职能部门的公共服务功能进行整合，以便有效地提供高质量的公共服务。整体性服务型政府希望通过完善的跨部门协同机制，以一种整体性的而不是各自为政的方式提供公共服务（拉塞尔·M. 林登，2013）。

组织信息整合是整体性服务型政府进行跨部门协同的基础条件。信息共享和整合既是跨部门协同的内容之一，也是重要的辅助性工具。只有通过组织信息整合实现相关部门的信息沟通和共享，才能在广泛利用信息和网络技术的基础上建立起跨部门、跨组织和跨机构的治理结构（孙迎春，2013）。不同部门之间的信息整合程度直接决定了跨部门协同的质量和水平，它关系到整体性服务型政府建设的成败。因此，必须建立起跨部门协同的系统高效的组织信息整合平台或整合机制，实现伙伴部门之间的信息数据互动和共享。在这里，打造电子化政府是实现跨部门协同信息传递和共享的重要途径。

整体性服务型政府的构建需要合作性的组织文化作为支撑。组织文化和价值观念的整合是推动跨部门协同的"黏合剂"。整体性服务型政府要求培养合作导向的组织文化、以协商为核心的统一的价值观和服务公共利益的动机。跨部门协同的基础是信任，因此必须建立新的文化理念，塑造协同性和整体性的行政文化，以一致性的价值和行为准则来支持和引导不同的部门和员工进行团队合作。另外，组织文化整合并不是要求组织为了跨部门协同而放弃自身原本的组织文化，而是要把自身的组织文化与合作性的组织文化结合起来。

2.2 我国中央政府跨部门协同的基本形式

我国政府面临信息沟通不畅、组织协调不力、政策一致性不足等问题。由于我国采用的是单一行政体制，大量涉及面广的重要问题需要由中央政府进行管理和协调。但是，一些问题有时很难通过单一的职能部门进行处理，需要通过多个部门协调整合才能有效加以解决。因此，我国中央政府的部际之间面临众多复杂多样的横向协调问题，急需发展一种精简高效的部际横向协调机制。

新中国成立以来，特别是改革开放以来，中央政府经过多轮的行政体制改革，已经逐步发展出形式多样的跨部门协同形式。概括起来有以下几种：第一，由国务院领导主持召开的高层决策会议或现场办公会议，就工作中的重要事项进行决策、分工和协调。第二，建立新的组织结构，如议事协调机构或临时机构，由国务院领导负责协调管理，主要相关部门参与，完成特定事项。第三，主要部门牵头。需要由多个部门共同管理的事项，由牵头部门负责，分清主次责任。第四，部际联席会议，由国务院批准成立，部门通过联席会议进行协商和分工，以实现工作目标。第五，签署合作协议。部门通过签署部际合作协议建立部门之间的协调机制，互相配合完成工作任务。

2.2.1 基本形式

目前，建立在新的组织结构基础之上的议事协调机构、建立在横向工作制度基础之上的部际联席会议和建立在签署部门协议基础之上的部际合作三种协调形式，在当前的部门协调过程中发挥着主导性的积极作用。

2.2.1.1 国务院议事协调机构

议事协调机构是一种具有结构性特征的部门协同机制，是广泛存在于我国各级政府中的一种特殊的组织形式。它是一种通过建立具体组织实体，专门处理相关事项的协调形式，具有资源密集度高、模糊性小、正式性程度高、成员行为约束性强等特点。国务院议事协调机构是我国国务院的组成部门之一，是指为了完成某项特殊性或临时性任务而设立的跨部门的协调机构，包括各类领导小组、协调小组和工作组，以及部分委员会、办公室、指挥部等。国务院议事协调机构是我国部际协调中最具传统性并且广泛使用的横向协同机制，其特征是在不改变政府职能部门的机构设置和隶属关系的前提下,通过建立一个统一的临时性的协调组织来处理横向部门之间的互动关系,以实现涉及全局性的战略目标。

新中国成立以来,国务院常设机构之外一直存在许多辅助性机构,也称为"非常设机构",以便更好地实现政府的管理职能。在1993年国务院机构改革中,这些非常设的机构统一更名为"议事协调机构"和"临时机构"。1997年颁布的《国务院行政机构设置和编制管理条例》对国务院议事协调机构的任务做了以下规定:国务院议事协调机构承担跨国务院行政机构的重要业务工作的组织协调任务。国务院议事协调机构议定的事项,经国务院同意,由有关的行政机构按照各自的职责负责办理。在特殊或者紧急的情况下,经国务院同意,国务院议事机构可以规定临时性的行政管理措施。

通常,国务院议事协调机构由总理、副总理、国务委员领导,其他成员基本上是各中央职能部门的正职领导。因此,虽然议事协调机构的参与部门和协调事务是横向性的,但是由于机构领导由上级领导担任,这就使其具备了明显的纵向等级特征(周志忍、蒋敏娟,2013)。议事协调机构往往都在牵头单位的对口司局中设立相关办公室作为具体办事机构,个别议事协调机构还单独设有办事机构,例如国务院扶贫开发领导小组办公室、国务院三峡工程建设委员会办公室、国务院南水北调工程建设委员会办公室。这种组织安排形成了领导成员-牵头部门-办事机构作为权力和职能的中轴,其他部门依附其开展工作的"中轴依附"结构(周望,2010)。

按照国务院议事协调机构的功能职责范围,可将其分为四大类。第一类主要针对的是一般社会经济文化事务。此类机构数量最多,例如国务院残疾人工作委员会、国务院关税税则委员会、国家科技教育领导小组等。第二类主要承担危机管理的协调任务，例如国务院抗震救灾指挥部。第三类是专门为重大事项或工程而设立的议事协调机构，如国务院南水北调工程建设委员会。第四类主要涉及军事、安全领域，如国家国防动员委员会、国家禁毒委员会等。

国务院议事协调机构按照涉及的工作和机构范围可分为三类，这种分类方式也体现在机构名称上的差异。第一类是冠以"全国"字样的议事协调机构。此类机构涉及的机构数量最多、影响面最广，主要处理全国范围内的相关事务。因此，其一般会涉及各类党政机关以及各种相关团体组织等，典型代表有全国爱国卫生运动委员会和全国老龄工作委员会等。第二类是冠以"国家"字样的议事协调机构。此类机构除了管理相关国内事务之外，还会参与相关国际交流与合作。因此，其涉及面也相对较广，组成单位通常由党政军相关部门组成（国家应对气候变化及节能减排工作领导小组除外），典型代表有国家防汛抗旱总指挥部和国家能源委员会等。第三类是冠以"国务院"字样的议事协调机构。与前二者相比，此类机构的涉及面较小，主要由国务院相关职能部门承担管理工作，但是专业性相对更强，以处理专门性的社会经济以及重大工程建设事务为主。这类机构数量最多，典型代表有国务院反垄断委员会和国务院食品安全委员会等（周望，2010）。

2.2.1.2　部际联席会议

部际联席会议不诉诸建立组织实体，而是通过相应的工作制度和协同程序进行部际协调。与议事协调机构相比，部际联席会议是部门之间共同商定的工作制度，具有资源密集度低、权限约束性小、灵活性高的特点。部际联席会议是一种工作制度，致力于充分协同各部门之间的工作，更好地发挥各职能部门的作用。它不是一个组织实体，但对议事协调机制有重要的补充作用。部际联席会议是我国行政机构最高层次的联席会议制度,其成立和撤销具有严格的审批制度。部际联席会议主要有由国务院领导牵头和主要部门负责人牵头两种形式。前者具有一定的等级制色彩,并在名称上冠以"国务院"字样开头,如国务院旅游工作部际联席会议;后者则更加侧重部门之间平等协商,以完成各类协调事项,在名称上直接使用"某事项+部际联席会议",如金融监管协调部际联席会议。

按照规定,部际联席会议是为了协商办理涉及国务院多个部门职责的事项,由国务院批准建立,各成员单位按照共同商定的工作制度。与具有纵向等级特征的议事协调机构不同,部际联席会议的召集单位和其他成员单位是横向平级的合作关系,其目的在于及时沟通和交换信息、协调不同意见和利益,以顺利推进某项工作任务的落实。因此,国务院关于部际联席会议的批复文件几乎都强调"互通信息、相互配合、相互支持、形成合力,充分发挥联席会议的作用"之类的话。

部际联席会议的牵头部门主要是国务院组成部门,以及少数国务院直属机构和直属事业单位,召集人也主要以这些部门、机构和单位的行政首长为主,而其他成员基本上是参与协调的其他部门中负责相关工作的副职领导。其中,发改委牵头的部际联席会议的数量相对较多,议题主要集中在经济发展领域。这是由于发改委承担着综合拟定国家经济社会发展政策的重要职能,工作涉及面广,处理的问题复杂程度较高。此外,发改委和财政部是部际联席会议的重要协同单位,二者是参与部际联席会议数量最多的两个部门,在部际协同网络中扮演着中间人和协调者的角色。

少数涉及面广、重要性强的部际联席会议的召集人由副总理或国务委员担任,如国务院社会信用体系建设部际联席会议、国务院旅游工作部际联席会议等。由副总理或国务委员担任召集人的部际联席会议，说明所涉及的问题受到上级领导的高度重视，或问题复杂且牵涉面广，仅由部级单位牵头无法实现有效的跨部门协同。此类部际联席会议主要集中在基本医疗保障、社会信用体系建设和旅游等领域，其办公室一般设在国务院办公厅或核心部门内。可见，在部际协同过程中，当部门之间无法建立平等有效的合作关系时，上级权威的介入仍是协调部门关系的有效手段之一。

2.2.1.3 部际合作协议

在众多的国务院议事协调机构和部际联席会议之外，一些部门通过签署部际协议来建立部门之间的协调制度，实现部门之间的协同合作。这种以签署部门协议为基础的部际合作，是指互不隶属的两个或两个以上的职能部门，为管理共同管辖的事务或实现共同的政策目标，在达成共识的基础上签订协议，采取一致行动的行政行为。相较于国务院议事协调机构和部际联席会议，部际协议是部门之间自由灵活地进行合作的基础，以此建立部际会商平台、部际协调机制等合作形式，加强信息沟通，整合部门资源，衔接行政权力。

部门协议本质上是一个契约行为，这要求协议签订方在平等的基础上自愿达成协议，它具有多样化的具体形式，如备忘录、合作框架协议等。部门协议是我国比较普遍采用的协同机制，尤其在地方政府合作治理的过程中它得到了广泛的应用。近年来，中央政府层面使用部际合作协议来实现部际协同的案例越来越多，其重要性正在凸显。

部门协议主要有部际合作协议和合作备忘录两种形式，前者的约束性和适用性更强。部际合作协议的典型实例主要有 2009 年住房和城乡建设部与原铁道部签署的《关于建立部际协调机制的框架协议》，这一协议旨在建立部际协调机制，加强在规划审批、实施和监督管理等方面的交流和协商，促进铁路与城乡区域的协调发展，更好地发挥铁路在加快城镇化进程和城乡建设中的支撑作用。2012年，科技部与工业和信息化部签署了《科学技术部与工业和信息化部促进中小企业技术创新合作协议》，力图在共同推进中小企业创新发展方面加强两部门的合作（工业和信息化部，2012）。2014年，科技部与交通运输部签订了《科学技术部与交通运输部关于科技创新促进平安交通发展合作协议》，旨在交通运输安全方面加强两部门的合作。这是两部在2009年建立部际会商机制后加强部门协调的又一重要举措（科技部，2014）。在部际合作备忘录方面，主要有2014年发改委、国家税务总局、中央文明办、最高人民法院、公安部、财政部、国土资源部、交通运输部、商务部、人民银行等21个部门联合签署《关于对重大税收违法案件当事人实施联合惩戒措施的合作备忘录》，对税务机关公布的重大税收违法案件当事人实施18项联合惩戒措施。

2.2.2 比较分析

国务院议事协调机构、部际联席会议和以部门协议为基础的部际合作是目前我国中央政府部际协同过程中使用频率高、规范化程度好、协调成果显著的三种主要形式。这三种主要协同形式是基于不同的工作机制和程序、完成不同性质、不同形式的部际协调任务而设计的。三者的比较见表2-1。

部际协同的这三种主要形式具有不同的运作逻辑。国务院议事协调机构的运作基础是建立新的协调组织，上级领导直接参与协调管理工作，权威介入程度较高，适用于协调部门数量较多的部际协同工作，必要的时候可以行使一定的行政权。部际联席会议的运作基础是建立常态

表 2-1　　　　　　　三种主要跨部门协同形式的比较

	国务院议事协调机构	部际联席会议	以部门协议为基础的部际合作
运作基础	组织	制度	契约
行政权限	有	无	无
上级权威介入程度	高	中	低
协调规模	较大	较大	较小

化的横向工作制度，少部分部际联席会议也会由上级权威直接领导，并且严格审批其成立和取消。部际联席会议也可以用于较大范围的部际协调工作，但它不能以部际联席会议的名义行使行政权，如有必要，可由牵头部门发文。以部门协议为基础的部际合作的运作基础是签署行政协议，上级权威几乎不会干涉此类协调工作。这种协调方式不能行使行政权限，但可由相关部门联合发文，它一般适合协调部门相对较少的情况。

2.2.2.1　优势分析

国务院议事协调机构作为国务院机构的主要组成部分之一，发挥着重要的临时性作用。它承担了众多中央部门之间的组织协调任务，甚至联系沟通党的机关和相关社会团体，发挥着信息沟通、协商决策和协调执行等作用，有助于解决部门权力交叉而导致的推诿问题。此外，由于国务院议事协调机构的领导一般由国务院领导担任，借助于以权威为基础的纵向等级关系，明确各协调机构的职责，减少不确定性和风险性，并提高部际协调的有效性。国务院议事协调机构在特殊或者紧急的情况下，经国务院同意，可以规定临时性的行政管理措施。这也有助于提高其地位和作用。

部际联席会议与议事协调机构一样，都具有临时性的性质，都承担着跨部门之间的组织协调任务，以建立横向跨部门之间的合作关系。与国务院议事协调机构具有一定的权限不同，部际联席会议并无实际权力，主要作用是为跨部门沟通、协商和合作搭建"桥梁"。部际联席会议没有正式权限，不能正式行文。如果要正式行文，只能由牵头部门使用牵头部门印章行文，或由有关成员单位联合行文。这种松散的组织联系和信息沟通的基本功能使部际联席会议具有很强的灵活性，对资源和权威的依赖程度较低。作为一种工作制度，部际联席会议的体制惯性和行政成本要小很多。由部门联席会议而形成的组织之间的"弱关系"，更有利于信息的扩散和资源的流动。

以部门协议为基础的部际合作，作为中央政府部际横向协调的重要方式，能够在不增加政府机构编制和工作制度的前提下，提高相关部门之间的协作水平。没有组织机构和工作制度的束缚，以部门协议为基础的部际合作能够充分发挥行政契约的优势。它的优点是：第一，行政成本相对较低。协议机制在签署协议时，详细地规定了协调事项或合作目标，避免了过多额外的行政成本。第二，路径依赖相对较小。协议机制通过契约精神实现部门之间的沟通协调，并不会产生路径依赖问题。第三，灵活性更强。协议机制在签署方之间平等协商的基础上，化解权力重叠冲突和职能碎片化的问题，对权威和资源的依赖较低。简言之，灵活性高和成本低是以部门协议为基础的部际合作的最大优势。

2.2.2.2 问题分析

以部门协议为基础的部际合作的困难在于合作意愿的维持，协调结果不确定，协调范围较小。国务院议事协调机构和部际联席会议存在的一个突出问题是两者都容易产生路径依赖。议事协调机构设立容易废止很难，结果是各类临时性机构膨胀，同时行政成本很高；部际联席会议的主要问题在于数量过多，权威和资源不足。无论是议事协调机构还是部际联席会议，由于其运作都要建立一套新的组织结构或工作机制，会导致行政成本增加。

议事协调机构的主要问题具体表现在设置与运行机制不规范、数量过多、监督缺位等方面，特别是机构数量存在"精简—膨胀—再精简—再膨胀"的情况。因此，国务院议事协调机构也陷入了周期性改革的怪圈。例如，在1988年的国务院机构改革中，把非常设机构由77个精简到44个之后，随着国务院机构改革，议事协调机构也经历了1993年、1998年、2003年和2008年四次较大的调整（见表2-2）。

表2-2　1993—2008年四次国务院机构改革中议事协调机构改革情况

变化情况	1993年	1998年	2003年	2008年
保留数量（含新增、调整）	26	20	27	29
撤销数量	59	21（包含名义机构）	6	25

资料来源：根据国务院相关发文（国办发〔1993〕42号、国发〔1998〕7号、国发〔2003〕10号、国发〔2008〕13号）整理。

议事协调机构难以避免组织膨胀的窠臼，造成过高的行政成本，已经成为其面临的重要挑战之一。因此，议事协调机构必须进行规范化、法制化管理，其数量必须严格控制。2008年，中共中央《关于深化行政管理体制改革的意见》要求，"精简和规范各类议事协调机构及其办事机构，不再保留的，任务交由职能部门承担。今后要严格控制议事协调机构设置，涉及跨部门的事项，由主办部门牵头协调。确需设立的，要严格按规定程序审批，一般不设实体性办事机构"。

部际联席会议同样存在数量趋于膨胀的问题，这一方面是由于功能分化的部门需要处理的跨界事务不断增多，另一方面是由官僚制的特性驱动所造成。因此，2003年国务院要求"建立部际联席会议，应当从严控制。可以由主办部门与其他部门协调解决的事项，一般不建立部际联席会议。"此外，部际联席会议本身没有行政权力，其权力来源是国务院依照法律规定授予各个部门的权力。由于缺少必要的权威和权限，影响了部际协调的有效性，对达成共识造成挑战。

以部门协议为基础的部际合作也存在一些问题与不足，例如一般只能适用于较少的部门之间，当面临较多的协调部门时，协调效率就会降低，有效性也会严重不足。由于没有正式的权威约束，造成责任模糊，任务分工缺少强制性，协调的确定性也会受到影响。因为此类部际合作完全基于部门之间平等协商的行政协议，没有法令规定或上级权威的介入，所以持续维持部门之间良好的合作意愿也是一项极有挑战性的工作，一旦有一方合作意图减弱，部际之间的合作就难以维持。

2.3 国外跨部门协同的结构与形式

传统官僚组织结构所面临的碎片化问题也是今天西方国家公共行政实践面临的一个问题。西方国家在探索适合本国国情的跨部门协同的结构与形式方面也进行了努力，发展出了形式多样、各具特色的跨部门协同结构与形式。

2.3.1 加拿大政府的跨部门协同

加拿大组织政府的跨部门协同结构分为非正式结构、协议结构和正式结构三类（Lahey，2001）。跨部门协同的非正式结构具有资源密集性低、更富有弹性、对成员约束力小的特点，这类非正式结构有实践社区（Communities of Practice）和临时性或探索性的委员会（Ad hoc or Exploratory Committees）（见表 2-3）。实践社区实际上是一个政策论坛，具有横向工作关系，并且拥有共同利益的部门在一定规则基础上及时交换意见，共同工作以解决问题。实践社区是最有弹性的非正式结构，具有很强的独立性，不附属于任何组织，它依赖于相关协同部门的自愿性。实践社区实际的典型案例是加拿大的政策研究倡议（PRI）。临时性或探索性的委员会是一种专门针对某一特定问题而建立的非正式结构，其主要目的是找出影响跨部门协同的主要问题，使各相关协同部门对所面临的共同挑战具有统一性认识，但并不要求协同部门采取一系列行动。临时性或探索性的委员会的典型案例是加拿大的志愿部门专项任务小组。

表 2-3　　加拿大跨部门协同中的非正式结构

名称	授权	参与者和伙伴
政策研究倡议	通过为关于跨部门议题的长期政策研究，发展一个坚实的基础；塑造政策研究能力；强化政策社群中的伙伴关系，为加拿大政府未来可能面临的复杂问题建立坚实的知识基础	30 个以上的联邦政府部门和机构；其他政府部门、学术机构、智库等
志愿部门专项任务小组	为了增强志愿部门的能力，以满足加拿大社会赋予他们的要求；提高政府的政策、项目和对公民的服务	超过 22 个部门和机构；专项任务小组以伙伴关系的形式与志愿部门进行圆桌会议

资料来源：Lahey, J.（2001）. Horizontal Management Moving from the Heroic to the everyday Lessons Learned from Leading Horizontal Projects. *Canadian Centre for Management Development.*

协议结构，是指支持跨部门合作的正式性的指示，或者部门之间签订的共同行动协议，包括内阁备忘录、谅解备忘录、协定和授权等（见表 2-4）。内阁备忘录是一种正式的协议机制，以确保各部门的行政首长明确责任和义务，把分散化的法定授权联系起来。谅解备忘录也是一种正式性的协议,以确保各部门对战略性挑战拥有一致性的认知,它要求相关协同部门按照协议内容,指导跨部门协同的日常工作,以便采取统一的联合行动。协定是用来帮助横向部门设立参与和协同的基本规则,例如,指导信息的发布和交换,它让协同部门对共同目标和在实现目标过程中能发挥的作用有清楚的了解。最后,授权为横向伙伴部门提供执行倡议所必需的支持,它们通常在授权的权威是共享的情况下使用。授权能够提供指导和权威,而不必担心会侵犯他人的权力。

表 2-4　　　　　　加拿大跨部门协同中的协议机制

名称	授权	参与者和伙伴
温哥华协议	为了支持温哥华经济、社会和社区的持续发展,最初的焦点是东部市区。主题:社区健康与安全,经济和社会发展,社区能力建设	加拿大政府、不列颠哥伦比亚省、温哥华市
关于可持续发展的科技谅解备忘录	通过帮助整合式的项目设计、评估议题和问题解决,促进最优化利用科学技术,提升可持续发展的目标	"5个国家圆桌会议"部门:农业和农业食品加拿大、环境加拿大、海洋和渔业加拿大、自然资源加拿大、健康加拿大
圣劳伦斯河行动计划	以一个确保可持续发展的视角,保存、保护和修复圣劳伦斯河的生态系统。主要目标是:保护生态系统健康,保护人类健康,以及让沿岸社区参与保护圣劳伦斯河的行动,使其从先前的使用者中恢复过来	8个联邦政府部门;5个魁北克政部门;伙伴包括无数的社区团体、NGO、私人部门和大学/研究中心部门

资料来源:Lahey, J. (2001). Horizontal Management Moving from the Heroic to the everyday Lessons Learned from Leading Horizontal Projects. *Canadian Centre for Management Development.*

正式结构是一种模糊性低、资源密集度高的支持性的跨部门协同结构,需要通过一些具有逻辑性的技巧和专门技术的部门来施行,包括联合咨询委员会、联合决策委员会、临时的联合协调中心、联邦地区理事会以及成立新的机构或秘书处（见表2-5）。联合咨询委员会由每个协同部门选派一名成员共同领导，这样就防止了一个利益相关群体主导议程现象的产生。联合决策委员会是一种参与度更高的跨部门协同结构，主要用于解决一些复杂的问题，寻求共识，提出具有操作性的政策建议。临时的联合协调中心的做法是每个协同部门派出一名联络员，集体负责协调应急事务。由于中心具有快速的组织动员功能，这一结构常常应用于危机管理。联邦地区理事会由联邦部门高级官员组成，其功能主要是信息共享和关系建设，是一种长期性的跨部门协同结构。新的机构或秘书处为所属部门提供政策建议，是一种最具正式性的支持结构。

表2-5　　　　　　　　加拿大政府跨部门协同的正式结构

名称	授权	参与者和伙伴
加拿大生物技术秘书处	为联邦政府关于一系列生物议题和政府部门的战略定位，提供整合性的建议支持；管理加拿大政府战略资助；支持加拿大生物技术委员会（CBAC）	参与者：7个联邦部门的联合主席 伙伴：各省、属地、企业、学者、消费者、环境团体、其他利益团体
领导力网络（TLN）（加拿大农村伙伴关系）	促进、发展和支持所有加拿大公共服务中的领导者的网络，帮助他们在公共服务革新中应对面临的挑战	TLN致力于发展部门、机构、联邦地区委员会等组织之间紧密的伙伴关系和横向联系
国家环境和经济圆桌会议（NRTEE）	由1994年国会立法成立，解释和促进可持续发展，NRTEE向决策制定者、意见领导人和加拿大公众提供独立性的关于促进可持续发展的意见和建议	由首相任命最优秀的官员，其成员应该广泛地代表各地区和部门，包括企业、工人、学者、环境组织和原住民

续表

名称	授权	参与者和伙伴
2000年项目办公室	通过以下几个方面,为2000年的风险变化建立加拿大的信息技术系统:协调政府内部过程;协调外部活动,包括调查企业应对前夕危机的准备程度	由国库委员会、工业、外事和国防部门领导;所有联邦部门和机构都参与其中;与省、属地和私人部门合作
团队加拿大公司(TCI)	TCI为加拿大公司提供更快、更便捷、更少重复性和更加综合性的途径,获取政府出口相关的服务。	TCI是23个联邦部门和机构,与各省和私人部门密切合作的实体性伙伴关系

资料来源:Lahey,J.(2001). Horizontal Management Moving from the Heroic to the everyday Lessons Learned from Leading Horizontal Projects. *Canadian Centre for Management Development.*

2.3.2 澳大利亚政府的跨部门协同结构

澳大利亚的政府跨部门结构分为部际委员会、专项任务小组、联合小组、代理协议、致力于特殊目的边缘机构五种类型(Management Advisory Committee,2004)。这些跨部门协同结构关注的焦点是政策开发、项目管理和服务供给中的跨部门协同。五种跨部门协同结构虽然都致力于公共服务机构跨越部门的边界,取得一致的目标和对于特殊问题进行整合式的政府回应,但具有不同的设计理念和使用环境。跨部门协同结构的选择取决于任务的性质、紧急程度、优先性、内容的层级和难易程度,也包括资源的可获得性。需要注意的是,这五种跨部门协同的结构形式可能适用于不同的跨部门协同工作。澳大利亚管理咨询委员会就跨部门协同结构与任务的匹配情况进行了相应总结(见表2-6和表2-7)。

表 2-6　　　　　　　　　　整体政府结构与任务的匹配度

结构选择	公共服务机构的主要任务		
	政策开发	项目设计与评审	项目管理与服务提供
部际委员会	高	中	低
专项任务小组	高	高	高
联合小组	高—中	高—中	中
代理协议	低	低	高
边缘机构	高	高	高

资料来源：Management Advisory Committee（2004）. Connecting Government：Whole of GovernmentResponses to Australia's Priority Challenges.

表 2-7　　　　　　　　　　五种跨部门协作的最佳运用条件

结构选择	政策发展	项目设计与检视	项目管理与服务供给
部际委员会	有一个可接受的真实的和可分析的基础；成员被授予妥协平衡的权力；界定产生分歧的领域，选择是可接受的，有后续决策制定的步骤	有共同的目标和联合工作的文化；有资源设计工作的能力；有不同的角色	协作要求在正式的环境中进行；由一致同意制定的决策是可接受的，或者决策的责任由成员机构承担
专项任务小组	政府的考虑有限度；有一个复杂性的问题；要求创造性的解决方法；关键利益相关者或政府内部存在分歧；有严格的时间表	有紧密整合多部门项目的整合式工程；有一个对项目有效性和供给的战略性检视	项目中的时间期限短，协作需求高；优先性的问题领域和社群是错综复杂的；客户面对多样化的问题
联合小组	有继续进行工作的必要性；合作伙伴有同等的重要性；可以被高度信任；按照既定的成本或质量，能从联合小组获得清晰的收益；失去独立的政策声音，没有劣势	同左	项目中的时间限制是中长期的，并且有较高的整合需求；处理既定领域或社区的议题；客户面对多样化的问题，需要整合式的解决

续表

结构选择	政策发展	项目设计与检视	项目管理与服务供给
代理协议	不能应用	不能应用	服务是中长期的;代理协议提供基础设施网络或技巧;机构拥有共同的客户或交易;机构的价值是可兼容的
边缘机构	出现新的复杂议题,要求付出更多超过专项任务小组所能提供的努力;在利益相关者之间存在分歧性的议题;各个机构的象征意义是重要的;有清晰的治理安排以确保整体政府的路径	新工具或措施打破了传统的边界;从其他机构获取多学科的技巧;供给或项目设计需要严格一致,以获取有效的产出;有清晰的治理安排以确保整体政府的路径	在一个不成熟的领域中,项目之间相互支持和一致性是优先性的;有清晰的治理安排以确保整体政府的路径

资料来源:Management Advisory Committee(2004). Connecting Government:Whole of GovernmentResponses to Australia's Priority Challenges.

部际委员会是澳大利亚跨部门合作最传统的形式,主要意图在于达成合作共识,做出相关决策。一般来讲,部际委员会的建立有两种情况:一是协调政策执行的常设委员会,为正式磋商提供论坛,负责替代以往内阁中的各分委员会,或者是协调项目或服务的提供;二是处理特殊问题或管理特殊事件的专任委员会。部际委员会是一种实现跨部门协同最常用的正式结构,它基于达成合作共识而采取协同行动,有助于确定问题、分析问题、信息交流以及及时获悉各协同主体的选择偏好。但是,部际委员会在促进跨部门协同工作的过程中也存在各类风险和问题。首先,当参与协同的部门领导不愿妥协时,合作就会变得不清晰。其次是官僚组织的惯性问题,有些部际委员会特别是常设委员会设立容易废黜难。最后，当参与协同部门的合作意愿不强时，部际委员会经常会面临没有实际权限、仅起到信息交换作用的问题。

跨部门协同的另一个重要组织形式是具有一定时限的专项任务小组。这些小组通常因为完成某项任务或特定议题而成立，服务于某个内阁委员会或部长委员会。专项任务小组具有很强的执行力，主要是针对部际委员会在运作过程中因致力于追求全面共识而出现的行动缓慢问题。因此，澳大利亚政府在公共服务改革领域里广泛运用专项任务小组，以便为公众提供优质高效的公共服务。专项任务小组致力于快速有效地完成跨部门协同任务，因此，对其成员提出了很高的要求。首先，对完成协同任务、取得合作结果有明确的时间限制。其次，参与协同人员不仅是部门代表，同时还具有较高的专业技能和合作经验，同时他们还可以从原部门和其他外部部门获取资源和帮助。最后，小组成员需要全职参与专项任务小组的整体性工作，并对专项任务小组领导负责。可见，与部际委员会侧重决策不同，专项任务小组侧重于执行。

联合小组是一种混合结构，其特征是来自不同部门的参与协同人员，虽然在同一个管理结构中合作共事，但仍接受原单位领导的管理。这与专项任务小组有明确的隶属关系，并且与小组成员全职参与协同工作不同。联合小组的应用不是非常广泛，通常用于公共服务供给。这种相对松散的组织结构决定了联合小组要完成跨部门协同工作，必须依赖协同部门行政首长之间以及实际参与联合小组的成员之间的高度信任。因此，联合小组只能在部门之间高度信任和高层强有力的承诺下才起作用。在跨部门协同中，越松散的组织结构，越需要建立合作导向的组织文化。因此，联合小组还要注重组织文化建设，打下信任基础，促进平等合作。

代理协议是另外一种具有较高灵活性的跨部门协同形式，它由一个现有政府部门代表一个或多个的其他部门提供服务。代理协议一般被用来提供更加优质、价廉和便捷的服务。代理协议的运作形式类似于"一站式"服务，不同的是，代理政府部门与公共服务供应部门之间要签署协议或采购－供应协议。由政府部门为公共服务供应商设定服务标准（包括要求、资源、质量、数量等），由一个或多个公共服务供应部门生产公共服务，最后再由一个政府部门无缝隙式地向公众提供公共服务。因此，代理协议要求政府部门和公共服务供应部门都具有明确的目标和清晰的责任。代理协议实质上是通过整合政府的各项服务，提高供给效率，提供无缝隙的整体性的公共服务。

致力于特殊目的的边缘机构独立于正常部门结构之外。边缘机构首长拥有与部委领导同样的权利和义务，享有部长级待遇。致力于特殊目的边缘机构一般被用来处理重大的问题，例如制定综合性的国家政策，协调行业政策和监管机制之间的互动。边缘机构拥有复杂的矩阵管理任务，通常包含大量的政府部门和其他行业机构，不仅要以整体政府的方式行事，还被视为整体政府的标志性结构。这也决定了边缘机构同样存在很大的风险，来自不同部门机构的成员可能会代表原有组织提出带有部门利益的政策观点，导致分歧与冲突难以协调，合作共识难以达成。

2.4 整体性服务型政府跨部门协同：问题与对策

2.4.1 整体性服务型政府跨部门协同的问题

构建整体性服务型政府跨部门协同存在两个层次的问题：一是跨部门协同机制本身存在的问题，例如，容易导致目标和责任的模糊等；二是在建立跨部门协同工作机制中存在的阻碍因素。这些阻碍因素有一些是一直存在的,例如职能交叉、权力冲突等,另外一些可能是在协同过程中才出现的,例如确立牵头部门的困难等。这两个层次的问题都有可能导致跨部门协同的失灵。

2.4.1.1　建立跨部门协同的阻碍性因素

构建整体性服务型政府的跨部门协同的工作机制,需要将不同职能的部门有机地联系起来,但是部门利益、信息鸿沟、组织文化、制度缺失和改革成本等会阻碍跨部门协同机制的建立。

(1) 冲突的部门利益

部门主义和利益冲突是阻碍跨部门协同机制建立并影响其作用发挥的最重要的因素。部门主义的思维方式使得各部门对问题的认识狭窄,运作焦点局限于组织内部,缺乏全局观念和整体意识。跨部门协同机制的建立在一定程度上涉及权力和收益的重新分配,因此,在组织边界和整体职能架构不做全面调整的情况下,希望组织机构放弃各自部门的利益是很难的。部门利益冲突是跨部门协同中普遍存在的问题,通过临时性非正式的协调机制调整制度化的部门权力,进而影响部门利益的实现,必然受到相关部门和利益既得者的抵制。冲突的部门利益是导致跨部门机制难以建立或使其形同虚设的主要原因。

(2) 部门之间的信息鸿沟

部门之间的信息鸿沟是两方面原因造成的:一是部门都将信息作为重要的资源,信息和知识对单个部门来说是能力基础和竞争优势,能够为本部门的工作创造价值,因此,部门之间不愿主动交换和共享信息;二是信息交换的机制和技术落后,不足以进行快捷有效的信息共享,无法支撑跨部门协同的建立,并且还可能产生信息扭曲或误解。部门之间的信息不对称是组织管理的常态化难题,因为部门一般对其内部信息是封锁的，部门之间横向的信息沟通十分困难，这也极大限制了跨部门协同。

（3）缺乏足够的协同动力

建立跨部门协同的另一障碍是部门之间缺乏协同的动力。动力缺乏的主要原因是平行的横向部门都有各自的核心使命，需要履行自己的职责和义务，执行涉及本部门的政策和法律，这导致部门会忽视涉及跨部门的边缘目标，协调合作的意愿不强。

（4）不适宜的组织文化

文化建设是制度构建的基础。虽然组织结构的变革对于跨部门协同是重要的，但合作主义文化的培育显然是更重要的。不适宜的组织文化（特别是官僚主义文化）是阻碍跨部门协同机制建立和影响其作用发挥的另一个重要因素。官僚主义的组织文化导致权力集中、部门利益和等级崇拜、关注程序和过程，而忽视相互沟通和合作精神。

2.4.1.2 跨部门协同机制自身可能存在的问题

跨部门协同机制自身的运作也会存在问题和风险，主要有以下几个方面。

（1）目标和责任的模糊

跨部门协同最大的风险是导致战略目标和部门责任的模糊，从而直接降低了跨部门协同的作用和效果。跨部门协同主要处理的是超越部门边界的复杂问题，如果跨部门协作机制没有明确的授权和规则，在没有权威和共识的情况下，很容易产生目标和责任的模糊。通常，各个部门都不愿意将跨越部门边界的边缘目标作为自身的核心目标来完成，更不愿意承担解决问题的相关责任，因此，跨部门协同的结果可能是复杂而模糊的。责任模糊是跨部门合作的重要障碍，跨部门协同中经常会出现责任混乱和模糊问题。此外，跨部门协同的效果可能不是立竿见影的，也有可能是非显性的，只是起到了辅助性的作用。因此，协同效果较差的时效性和显著性也会影响到相关部门对跨部门协同的目标和责任的主观认识。

（2）过高的运作成本

跨部门协作会增加行政成本，如果管理不善，成本就会更高。协同的过程需要协商和妥协，达成目标和认识的共识，进而采取合作行动。与权威和等级命令相比，通过协同达成共识和行动的过程可能会产生大量的时间、人力和物力成本，消耗跨部门协同的动机和热情，损害跨部门协同的效果，从而无法解决跨部门协作要解决的问题。换言之，如果无法通过有效的协商机制达成共识，那么部门之间相互推诿、逃避责任、争夺利益等内耗现象就无法避免。此外，如果跨部门协同机制发展成为一种官僚惯性，会产生机构数量膨胀的问题，比如我国的一些议事协调机构就出现过精简—膨胀—再精简—再膨胀的状况。

（3）协同机制的操作难度较大

因为跨部门协同的机构和程序多属于临时性或非正式性的，所以如何建构一种有效的操作机制是进行协同合作必须要考虑的问题，否则就无法调整部门组织和人员的行为向整体性迈进，分散化的组织和行为就无法形成合力。操作机制应该能够弥补传统运作机制的缺陷，这一缺陷表现在原有分散的组织或部门很难改变的各自为政和碎片化的运作状况。建立跨部门协同的结构和程序是重要的，但是缺乏恰当的操作机制，协同还是很难进行的。

2.4.2 整体性服务型政府跨部门协同的对策

构建整体性服务型政府的强有力的跨部门协同机制，需要从宏观方面和微观视角进行系统性的思考。既要完善机构设置和职能划分，为跨部门协同提供体制性基础；又要破除部门本位，完善沟通和协调机制，以达成合作共识，提供整体性的公共服务；还要从具体实际出发，选择合适的结构与程序，寻求解决跨边界问题的最佳方式，同时要塑造合作主义导向的组织文化，为跨部门协同提供辅助性支持。

2.4.2.1 完善机构设置和职能划分

尽管跨部门协同关注的是部际之间的合作问题，但是管理体制上的弊病才是跨部门协同和行政协调困难的根本性原因。完善机构设置和清晰界定部门职能，可以为跨部门协同提供体制性基础。一方面，健全跨部门协同机制要按照精简、统一、效能的原则，继续精简、合并横向职能重叠或相近的部门和机构，尽量减少权力交叉和重叠。通过减少协同部门的数量，减少跨部门协同的阻力，提高协调合作的效率。另一方面，要进一步厘清各部门的职责权限，明确权责关系，合理界定各部门的职能范围和边界。通过改革，使部门职能清晰，责任明确，为跨部门协同解决目标和责任模糊问题提供基础。减少部门的数量可以增加跨部门工作之间的协调性，机构改革过程中要注意不同部门之间工作流程的兼容性和业务上的对接性。

2.4.2.2 破除部门本位

破除部门本位、协调部门利益冲突和确立部门之间的合作关系，是建设整体性服务型政府跨部门协同的关键举措。破除部门本位、形成跨部门协同合力的一个有效措施是建立跨部门协同的共同领导和监督机制，以便督促各部门从实现战略目标的全局出发，将各部门的核心使命和工作任务统一到整体性服务型政府的目标上来。因此，无论采用何种形式的跨部门协同机制，必须明确牵头部门和领导者，领导者可以由涉及协调议题的核心部门领导担任，可以由共同的上级领导担任，也可以在恰当的领域里探索决策职能和执行职能适度分离的改革，战略决策由各部门共同决定，执行部门在规定的运作框架内履行各自的职责，以规避部门利益直接发生冲突。此外，建设整体性的预算模式也是重要的，它有助于将冲突性分散化的部门利益整合起来，破除部门利益，推进跨部门协同。

2.4.2.3 选择合适的结构与程序

整体性服务型政府的跨部门协同需要借助一定的组织结构与程序。结构的缺失、程序的不当等都会影响目标的实现。因此，在部际横向协调机制的选择中需要匹配合适的结构，既要根据协调事务的内容（信息共享、联合决策或协作管理）与性质来进行选择，也要考虑外部条件（例如，任务的争议与复杂程度、可获得和使用的资源、任务的实施阶段等）（Lahey，2001；张成福、李昊城、李丹婷，2012）进行选择。一般来说，合适的结构与程序具有高度复杂性，信息严重不对称，决策和执行力分散，资源密度高，同时，目标具有很高的约束性的跨部门协同，宜采用正式的结构和程序（包括建立正式的组织实体，利用辅助性机制的支持作用）。如果仅涉及日常工作信息交流、工作进展沟通，或者协调工作已经进入后期，各部门之间的执行工作配合良好，或对实现全局性的战略目标并不产生实质性影响的跨部门协同，那么非正式的临时性更强的结构和程序（例如，加拿大的"协议"结构、我国的部际联席会议）更是可以考虑的。最后需要强调的是，无论采取何种结构和程序，跨部门协同机制都是临时性的，在采用相应结构和程序时，必须明确废止的时间和程序，避免产生过高的行政负担。

2.4.2.4 重视辅助性机制的建设

辅助性机制包括具有实际操作性的程序和方法，在跨部门协同中发挥着重要的支持性作用。辅助性机制主要包括法律规范、制度框架、运作程序、知识和资源的获取、绩效考核和激励机制、业务培训、预算和责任框架、信息技术、组织文化等方面。跨部门协同机制必须有明确的法律依据和清晰的制度框架，例如，国务院相继颁布了关于议事协调机构和部门联席会议的规范通知，以避免跨部门协调机构设立不规范和数量的膨胀。但是实践中，规范性通知的约束力是不够的，我国跨部门协同机构已经出现数量过多、运作不规范的问题。因此，必须对跨部门协同机制进行立法或者在政府组织法中细化相关内容。必须明确每个具体跨部门协同工作的运行程序，包括牵头部门、协同工作办公室设置、工作规则和工作要求等。知识和资源的获取，是指发展跨部门协同的基本技术，例如双向沟通的技巧、合作的技术等，获取必要的财政、人力等资源维持跨部门协同的日常运作等。在绩效考核中，将跨部门协作的工作成效作为重要内容纳入考核体系，建立整体性的绩效考核体系，形成跨部门合作的合力。整体性的绩效考核体系能够使各部门的工作导向相一致，有力地解决跨部门协同过程中出现的问题。同时，要建立激励组织和成员的合作机制，以鼓励和促进跨部门合作。对于有利于跨部门协同的工作和努力，特别是有利于协同工作改进的创新行为要大力奖励。另外，还要建立整体性的预算和责任框架，它们和整体性的绩效考核体系发挥着类似的作用，有利于促进部门之间的合作行为。整体性的预算框架有助于破除部门利益，平衡跨部门协同过程中的财政资源分配和利益协调。整体性的权力和责任框架可以明确跨部门协同工作中各部门之间的权力配置和责任关系，形成目标、权力和责任相一致的运作架构。

2.4.2.5 完善沟通和协调机制

跨部门协同必须着力解决合作工作过程中的沟通和协调上的障碍，信息技术是完善沟通和协调机制的重要手段。在管理跨部门协同工作中，必须以整体性政府的方式管理信息，各部门的信息机构要共同工作，整体性地进行信息收集、分析和存储信息、提供和传递信息。建立制度化的信息共享机制，使部门之间结构性的信息共享常态化，有效降低跨部门协同的成本，提高协同合作的效率。信息沟通的障碍需要通过信息沟通技术的进步来解决，同时要保证机构之间的基本概念、统计数据和信息形式的一致性和兼容性。协调技术的完善除了需要信息技术的支撑外，还要确认跨部门工作关系，建立能够真正发挥实效的磋商机制。在这里，首先确认与跨部门协同相关的机构，通过共同工作和协商，对各合作机构的共同目标以及各机构对共同目标实现所能做的具体贡献达成共识。在达成基本共识的基础上，建立联合领导机构、牵头机构或联合执行机构，以指导日常的跨部门协同工作。

2.4.2.6 塑造合作主义导向的组织文化

建立整体性服务型政府的跨部门协同机制需要引入新的战略思考和工作方式，这需要协商性和合作性的组织文化的支撑。通过塑造合作主义导向的组织文化，建立跨部门协同的共同愿景，可以激发各协同部门在相互尊重、彼此信任的基础上进行合作，而不是在部门主义或经济利益的诱导下各行其道。合作主义的组织文化可以通过员工培训、合作精神培育、教授共同解决问题的理念和技巧来进行。合作需要在信任的基础上通过协商建立共识。此外，需要建立相应的组织及其成员的伦理规范，平衡组织成员与协同部门之间的利益关系。

2.4.2.7 以提供整体性公共服务为导向

构建整体性服务型政府核心目标是解决公共服务碎片化的问题,实现整体性的公共服务供给。因此,跨部门协同要围绕提供整体性的公共服务这一战略性任务来展开。必须把整体性服务型政府的跨部门协同的各项改革工作(如组织改革、程序选择、文化建设等)统一到提供整体性公共服务的过程中来,从服务质量与效率相统一、标准化和多样性相协调、完整性与无缝隙相对接的角度改进和完善公共服务的供给。

参考文献

1. OECD(2005). OECD国家的监管政策:从干预主义到监管治理. 北京:法律出版社.

2. 陈春建(2014). 关于个体工商户备案登记制度创新的思考. 中国工商管理研究, 2:48—51.

3. 傅英略(2007). 对监管者的监管:以规制经济学的视角. 经济视角, 8:62—63.

4. 高世楫、俞燕山(2010). 基础设施产业的政府监管:制度设计和能力建设. 北京:社会科学文献出版社.

5. 戈世平(2003). 转变政府职能,加强市场监管. 华东经济管理, 1:22—25.

6. 郭春光、朱海峰(2011). 政府监管效率问题的研究. 东方企业文化, 18:235

7. 何蔚云(2006). 香港食品安全监管工作考察. 中国卫生法制, 4:23

8. 焦志伦、陈志卷(2010). 国内外食品安全政府监管体系比较研究. 华南农业大学学报(社会科学版), 4:59—65

9. 课题组（2011）．国外食品安全保障体系及对我国的启示．中国党政干部论坛，7：26—29．

10. 李礼（2009）．西方国家市场监管职能变革及其启示．中共青岛市委党校．青岛行政学院学报，4：25—28．

11. 李淑华（2012）．从美国的食品安全监管看我国的食品安全风险控制．华北科技学院学报，4：60—63．

12. 李振（2012）．监管型国家建设的动力机制——评刘鹏《转型中的监管型国家建设》．政治与法律评论，2．

13. 刘鹏（2011）．转型中的监管型国家建设．中国社会科学出版社．

14. 刘鹏（2008）．走向优质监管的起步——2007年我国药监改革实践的几点思考．中国处方药，1：20—23．

15. 刘亚平（2013）．英国现代监管国家的建构：以食品安全为例．华中师范大学学报（人文社会科学版），4：7—16．

16. 王耀忠（2005）．食品安全监管的横向和纵向配置——食品安全监管的国际比较与启示．中国工业经济，12：64—70．

17. 席涛、曲哲（2006）．欧盟监管：体制、方法、影响分析．国际经济评论，4：46—50．

18. 叶芬（2011）．关于欧盟食品安全监管中预警与追溯机制法律制度的思考——以德国"二噁英毒饲料"事件为例．法制与社会，17：27—28．

19. 郑超豪（2014）．我国政府规制机构独立性问题及其实现途径．改革与开放，1：1—2．

20. 蒋虹丽等（2009）．我国药品监管体系存在的问题及其对策．中国卫生经济，8：69—71．

21. 盛佃清（2008）．试论全过程监管中的质量诚信体系建设．中国质量技术监督，6：54—56．

第 3 章　整体性服务型政府的全口径预算

全口径预算是现代预算制度的基本要求,也是整体性服务型政府的题中之意,它旨在将所有政府收支统一纳入规范化的预算编制、管理和审查监督范畴之内。全口径预算既是建立现代财政预算制度、构建整体性服务型政府的关键环节,也是推动政府职能转型、提升国家治理能力的基础性保障。本章在阐释全口径预算及其与整体性服务型政府建设的内在关联的基础上,探讨了美国、英国、日本与德国全口径预算的国际经验,剖析了我国全口径预算的进展及其面临的问题,提出了深化全口径预算改革,加快整体性服务型政府建设的对策建议。

3.1　全口径预算:整体性服务型政府的预算管理模式

全口径预算,是指凡是凭借政府行政权力获得的收入,以及为了行使行政职能而产生的支出,都应纳入政府预算的统一管理范围之内(李冬妍,2011;郑建新,2014;张荣芳、熊伟,2015),从而实现预算作为行政层面内部控制与立法层面外部控制的管理工具,并最终使得以财政部门为财务统领的政府整体能够对立法机构负责,进而确保整个政府活动都是对公民负责的(李冬妍,2010;高培勇等,2015)。全口径预算不仅包括行政层面的全口径，也包括立法层面的全口径。前者是指财政部门能够总揽政府收支，统一编制预算，对政府所有收支进行统一管理和监督；后者是指各级人民代表大会能够实现对政府所有收支的真正审查、审批和监督（高培勇，2009；陆成林，2014；蔡红英、陈瑞义，2014）。全口径预算不仅强调全面性、一致性等原则，而且也必须遵循年度性、授权性、公开透明性等其他经典公共预算原则（赵早早，2014；Caiden，1978）。全口径预算的最终目的不仅在于加强对政府财政收支行为的立法控制、革除预算管理的碎片化弊病，更在于规范政府的财政权力，使公共财政"取之于民，用之于民"，使公共服务供给更加廉洁高效，保障人民群众的根本利益（华国庆，2014；杜坤，2015）。全口径预算至少包括收支范围的全面性、预算信息披露的全面性、预算报告类别和制式的完整性、计量口径和时间范围的全面性、预算程序的完整性和预算流程的完整性六个基本维度（王雍君，2013）。政府预算是经法定程序审核批准的具有法律效力的政府年度财政收支计划，国家预算则是各级政府预算的总和。我国全口径预算体系的主要内容或基本框架在 2014 年通过的新《预算法》中得到了详细阐述。中国现阶段的"全口径"政府预算体系由一般公共财政预算、政府性基金预算、国有资本经营预算、社会保险基金预算共同构成。其中，一般公共财政预算是国家预算体系的基础，政府性基金预算、国有资本经营预算和社会保障预算相对独立，但也必须与一般公共预算相衔接，并进行适当调剂。

全口径预算与整体性预算和协作性预算有相通之处。"预算是整体主义的必由之路"，整体性预算过程以及预算与信息的整合既是构建整体性政府的必要环节，也是推动其取得实际进展的关键所在（Perri，1997；Perry et al.，2002）。整体性预算的主要特征包括：以结果或目的为核心，而非围绕政府职能或活动来编制预算；开放预算过程，引入更多竞争与跨部门合作，获得可测量的实际产出；以满足不同群体的利益需求为宗旨，按公共服务主题进行整体性预算制定；提高员工的自由裁量权并增强其公共服务精神等。

以此为基础所构建的整体性预算模型一反按职能分割进行预算编制的传统做法，强调以最终的公共服务目标为核心，加强信息与资料共享，整合中央和地方、政府与私人企业以及众多第三部门的力量与利益来拟订政府预算和计划。

实现整体性治理涉及组织结构整合、信息系统整合、文化整合，以及资源和预算的整合等诸多内容，而推进资源和预算整合、实施协作型预算则是实现跨部门协同的有效手段（Perri，1997）。跨部门的预算整合有助于增强各个机构参与协同的积极性，并增强协同承诺的有效性，公共服务领域尤其如此。在美国、英国等西方国家的整体性政府改革实践中，协作型预算在促生、维持和改善跨部门协同关系上发挥了重要作用。所谓协作型预算（Collaborative Budgeting），是以问题为导向的共享式预算治理模式。在这个治理模式中，各参与者围绕交叉事项或服务就各自的预算分配及使用情况达成一个一致的协议，或将所有的财政收入与支出纳入预算统一管理（蒋敏娟，2015）。根据协作程度的不同，协作型预算又可分为联合预算（Aligned Budgets）和集合预算（Pooled Budgets）。联合预算是两个或两个以上的合作伙伴为了实现共同的目标，综合进行预算考虑并协调各自活动，同时又完整保留自身的预算和问责体系。集合预算，是指协同框架内的组织都拿出一部分预算资金，为了实现各方商定的协同目标而将其汇集为一个共享的预算资金池。与联合预算相比，集合预算更有可能提供一个清晰的、更确定的稳定持久的协同框架，因此，联合预算一般运用于跨部门协同或伙伴关系的初期,而集合预算则常应用于伙伴关系较为稳定的跨部门协作网络。

全口径预算是对盘根错节的碎片化预算权力和预算资金的归拢与整合,它不仅是革除中国预算碎片化弊病的必然要求,也是协调政府行动步调、整合公共资源,构建现代公共财政和整体性服务型政府的必经之路。长期以来,在中国的财政预算管理实践当中,碎片化既是预算管理制度的重要特征,也是预算管理的主要难题(马骏、侯一麟,2004)。而且,预算过程中的这种碎片化是多维度的,它包括了预算分配权的碎片化、预算资金来源的碎片化和预算管理方式的碎片化等特征。此外,中国现阶段的政府预算体制还面临权力和功能碎片化、制度和责任碎片化、过程和程序碎片化以及信息碎片化等诸多碎片化问题。这种现象在地方政府中更为明显(曾凡军、王宝成,2010;曾凡军、欧阳昌永,2010;曾凡军、刘璐,2013)。其中,预算分配权的碎片化最为关键,"在省级层面,除了财政部门,通常还有其他的部门拥有一定数量的财政资金的分配权,如计划委员会(基本建设支出)、经贸委(国有企业技术改造基金)、科技厅(科技三项资金)等"(马骏、侯一麟,2004)。碎片化的预算分配权和多头预算机构的存在意味着没有任何一个机构能在整体上进行财政控制,这也就给随意调整预算、"钓鱼工程"以及预算编制不准确留下了空间(王淑杰,2013)。另外,经济改革之初,为摆脱政府资金困境而临时允许各政府部门自行筹集资金的做法后来也引发了许多问题。政府收入远远大于财政收入,大量预算外或制度外收入游离于正式预算管理的范围之外,不仅政府难以对其加以全面统筹,各级人大也无法对其进行审查监督。于是,在追求部门利益最大化的内在驱动下,这部分政府收支日益膨胀,以致严重影响了财政资金效益的充分发挥与政府职能的有效行使。2011年,财政部《关于将按预算外资金管理的收入纳入预算管理的通知》明确要求，除教育收费以外的预算外资金都必须纳入预算管理。政府预算收支口径似乎比之前更加规范了，但是，这种变化更多地体现在概念称呼和预算形式上（比如，从"预算外资金"到"非税收入"），我国的政府收支仍然呈现出多样性和复杂性的特征，在税收收入之外存在着各种类型的非税收入（张斌，2014）。而且，并非所有纳入预算管理的政府收支都有同样严格地进行预算管理和监督。对不同预算的政府收支，采用的是不同的管理标准和管理规范。无论是静态的会计口径上，还是动态的预算管理上，中国预算的碎片化特征仍普遍存在。

破解预算碎片化问题需要"以公民需求为导向，以信息技术为治理手段，以协调、整合与责任感作为治理策略"，进而建构具有整体性、协作性特征的现代预算模式（竺乾威，2008；曾凡军、欧阳昌永，2010）。因为预算效益的达成需要跨越政府组织间的藩篱，缓和政府组织间的目标和手段冲突，只有不断加强整合与协作，才有可能实现跨部门的整体性预算治理（Perry et al.，2002）。作为进行整体性服务型政府改革、推动跨部门协同合作的重要工具，"整体性预算"或"协作性预算"在不同国家和发展阶段有不同的表现形式和重点内容。具体到现阶段的中国，首要任务便是打造预算内容上的全面性和整体性，即民众所关注的全口径预算。全口径预算是对盘根错节的碎片化预算权力和预算资金的归拢与整合，它不仅是革除中国预算碎片化弊病的必然要求，也是协调政府行动步调、整合公共资源、构建现代公共财政和整体性服务型政府的必经之路。

3.2 全口径预算：国际经验

3.2.1 预算全面性的国际标准

近年来，OECD、IMF 等国际组织致力于总结世界各国，尤其是发达国家的先进预算管理经验，并将其提炼为一些可推广的政府收支预算管理的国际标准。在其推荐标准中，预算管理的全面性原则，或曰政府收支的全口径预算管理，尤其是对预算外资金的管理一直都是重点强调的内容。将政府的预算外活动体现在预算过程中，或将其纳入预算管理程序中是一个原则性的预算管理问题。因为只有这样，一个有关政府政策的陈述和承诺以及相应的资金来源和计划支出的整体蓝图才能全面呈现。比如，OECD 的《预算透明度最佳实践》将预算报告视为政府的关键政策文件，它必须全面包含所有政府收支，以便对不同的政策选择进行评估（OECD，2002；蔡红英、陈瑞义，2014）。IMF《2007 年财政透明度手册》将预算管理口径分为窄口径和宽口径。窄口径的预算仅指与立法机关年度资金拨款相关的内容，未被纳入政府预算拨款案中的政府活动就是预算外活动，对应的政府财政收支就是预算外收支。在宽口径层面上，政府预算应该是政府所有活动在财务上的统一、全面反映（IMF，2007；丁炯，2012）。

IMF 认为窄口径的预算不够全面完整，政府预算管理应该力求宽口径。各级政府及其附属机构、企业的财政收支状况，政府财政收支的当前计划与历史信息、未来安排等预算内外信息都应该包含在宽口径的政府预算管理范围之内（IMF，2007）。而预算外资金、政府债务与其潜在风险，以及政府的税式支出或准财政活动的预算管理程序虽未必与其他法定预算一样严格,仍可作为重要的预算辅助文件,它们也应该提供有关声明和背景信息,在预算过程中有所体现。现实中,少有国家能完全遵循此类"全口径"标准,至少预算报告应包含或有债务与准财政活动的相关信息,这条就只有少数国家能做到,而且发达国家和发展中国家在政府预算的全覆盖性方面有着不同的表现。预算外资金以及税式支出仍是影响各国预算透明的两个主要领域,也是各国现代预算改革过程中的重点内容之一,这可以从IMF覆盖了80多个国家的财政透明度评估结果看出(IMF,2007)。

3.2.2 美国、英国、德国、日本的经验

全口径预算是中国建设全面规范、公开透明的现代公共预算制度的基础和必要环节。尽管政府预算特征各异,但预算的全面完整性以及在此基础上的预算公开透明在世界其他国家也受到了普遍重视,尤其是对预算外资金的管理。从西方国家的财政预算管理实践来看,虽然大部分国家都认同年度预算应该全面覆盖所有政府收支,也认为预算外资金的总收支情况需要报送立法机关知晓,但在实际中,少有国家为此专门立法限制预算外资金的生成。预算外资金在发达国家、转型和发展中国家等各类国家中都大量存在(见表3-1),且多集中在社会保障、卫生保健、养老服务、交通等领域(Allen et al., 2006)。但是,英美等盎格鲁-撒克逊传统的国家通常会在法律中明文规定必须将所有政府资金纳入预算。比如英国,其法律要求所有的政府收入都必须纳入统一的基金,而且这些基金的支出也必须有立法机关的拨款授权。再如芬兰,它的宪法规定预算外资金的设立不仅要遵循严格的标准,设立时还须经过议会2/3多数表决通过。2001年预算改革后,法国也明确提出将预算外资金纳入正式预算管理范围之中,所有资金必

须汇入国库单一账户并接受议会审批。虽然这些国家的预算外资金并未因此全部消失，但至少资金规模比未有明确法律要求的国家要少了一些（高培勇，2009）。

表 3-1　　预算外资金规模的国际比较

国家类型	所有预算外资金（%）		其中：社会保障资金（%）		其他预算外资金（%）	
	占政府总支出比重	占GDP比重	占政府总支出比重	占GDP比重	占政府总支出比重	占GDP比重
发达国家	49.9	16.9	35.6	12.5	14.3	4.4
转型和发展中国家	39.4	8.2	26.2	5.4	13.2	2.8
所有国家	43.6	11.5	30.2	8.4	13.4	3.1

资料来源：Allen, R. et al. (2006). Managing and Controlling Extra-budgetary Funds. IMF Working Paper, 6 (286).

3.2.2.1　美国的全面预算管理实践：综合预算制定

自1789年美国预算制度建立以来，美国的现代预算制度建设已历经上百年（牛美丽，2003）。以1921年《预算与会计法》和1974年《国会预算与截留控制法案》两个重要法案的出台为标志，其预算管理先后经历了国会主导型预算过程（1789—1921年）、总统主导型预算过程（1921—1974年）、国会和总统共同控制型预算过程（1974年至今）三个阶段。1921年《预算与会计法》在法律上完成了美国联邦一级的公共预算制度改革，它明确将预算编制权力赋予总统，要求建立联邦预算局（后更名为总统预算管理办公室OMB），总统必须向国会提交年度预算，国会负责监督政府预算，同时审计总署（后更名为政府审计办公室GAO）辅助国会对政府进行财政监督（刘畅，2013）。1974年

《国会预算与截留控制法案》建起了美国预算过程的整体架构，是美国现行预算制度的支柱性法律。它不仅要求创建国会预算办公室，还要求白宫与参议院预算委员会在国会预算问题上采取联合行动，增强了国会在预算过程中的作用。目前，美国的预算管理由政府和议会共同参与，预算的草拟和执行主要由政府负责，预算的审批和监督权则主要掌握在议会手中。预算流程相对较长，以联邦预算为例，其预算程序必须经过预算编制、预算审批、预算执行和预算审计等多环节，整个预算周期长达三十几个月。在相互制衡的预算权力机构、严谨精细的预算过程管理的基础上，美国政府预算的完整全面性和公开透明性得到了有效推进。

在预算内容上，美国各级政府普遍重视预算内容的全面性和完整性，所有政府性收支都要在政府预算中反映并受到严格的预算约束。以美国联邦政府的支出预算为例，各联邦政府部门的经常性支出、转移支付和资本项目支出都必须在预算草案中详细加以说明（曹顺宏，2011；赵谦，2013）。无论是联邦税收和举债收入安排的国防、外交等联邦政府日常开支和必要的公共服务支出，还是通过各种社会保险专项税收安排的社会保障、医疗保险等支出，都难逃其外。与此同时，美国政府的预算编制也极为细化且标准化。它采用联合国推出的分类方法，根据政府职能进行预算科目分类，并以功能、部门、项目等不同层次进行预算列示，兼顾了预算的专业性和公众的可读性。美国政府每年提交议会审议的预算资料通常极为翔实，2014年的美国政府预算244页，预算分析书508页，附录1381页，历史图表376页。

预算公开是美国现代预算制度建设中的重要内容。美国宪法第一条第九款明文规定，"一切公款收支的报告和账目，应经常公布"（美国国家档案馆门户网站，2015）。1966年的《信息自由法案》、1976年的

《政府阳光法案》、1996年的《电子信息自由法修正案》等法律法规也在促进政府预算信息的公开、保障公民的预算知晓权和监督权方面产生了不容忽视的影响。目前，从预算方案制定、资金拨付到预算执行和审计等各预算环节，从国会预算办公室（CBO）到总统预算办公室（OMB）、政府审计办公室（GAO）、税务联合委员会等预算参与机构（蔡红英、陈瑞义，2014），从印刷文本到电子网络等各种预算公开方式，美国预算公开的内容全面且方式多样（牛美丽，2014）。美国对外公开的预算内容包括有关政府预算的总体概述、功能分类列示的预算数据以及预算编制所依据的法律文件等主要内容。除国家机密外，几乎所有预算信息都必须依法公开，全文上网。

美国的会计准则制定相对中立，并且设有联邦政府会计、州与地方政府会计两个层面的政府会计。它一般不以立法形式来具体规定政府会计原则，详细的政府会计准则通常由会计职业团体或某些联合协会来主持制定（高培勇，2009；刘俊秀，2011）。联邦会计准则咨询委员会（FASAB）是联邦政府会计准则的制定机构，政府会计准则委员会（GASB）是州和地方政府的会计准则制定机构。美国政府会计人员每年都要制定年度政府财务报表，详细反映政府的财务现状、财务绩效和现金流动状况等内容。各政府部门的财政收支、政府资产、负债及所有者权益等财务统计信息，以及政府附属部门、机构的资产负债信息都必须包含在年度政府财务报告中（赵谦，2013；滕娟，2014）。预算外资金也必须在政府财务报告等资料中加以反映。比如，预算外安排中基于公众举债融资的行为都必须遵守法定的债务限额，预算外机构也必须制定详细的财务报表并列入预算附录。每个财政年度结束时，联邦政府各部门会编制基于权责发生制的财务报告提交给联邦财政部，然后由财政部按照联邦政府会计准则的相关规定进行汇总，会同 OMB 继续编制联邦政府年度综合财务报告，经 GAO 审计并经国会批准后再对外公开。虽然联邦政府自 1975 年起就委托有关会计师事务所编制基于权责发生制的财务报表，但它实际直到 1997 年才正式依据 FASAB 制定的政府会计准则编制年度财务报告并接受 GAO 审计，由 GAO 出具审计报告。经 GAO 审计后公布的联邦政府年度财务报告以财务报表为主体，还包括财务报表附注、管理当局讨论与分析、国民指南、必要补充信息、反映受托责任的补充信息以及 GAO 审计报告等内容。州政府的综合年度财务报告则主要包括内容介绍、财务信息和统计报表等几个部分。

美国的预算外资金由来已久，通常指依法律规定不列入总统预算提案和国会正常决议案的联邦基金或支出。一项收支是否会被设为预算外资金，自我融资属性和灵活的运营需求是关键，但立法与行政部门、党派之间等利益群体的游说、博弈也很重要。美国目前的预算外基金主要包括社会保障信托基金和邮政服务基金，而社保基金又由联邦残障保障基金、联邦医疗保险基金、联邦老年和遗属保险基金、联邦补充医疗基金、铁路退休基金和失业保险等基金和支出（高培勇，2009）。为保护某些具有强制性支出性质的项目，在年度预算执行过程中，不会因某些政治原因而被削减，它们通常会被划入预算外，脱离常规的预算拨款审查程序。在三权分立和两党竞争制的美国，政府预算外和预算内的范围不断调整。1935 年设立的社会保障计划以及 1939 年的社会保障信托基金，此前一直只作为政府预算的辅助性文件加以列示。1968 年，社保等所有信托基金被列入政府"综合预算"并提交给国会审议批准，但 1985 年又因财务危机被再次转为"预算外"管理。其他基金也经历了类似的调整。如，1973 年，美国国会立法将美国铁路协会、农村电器电话周转基金和农村电话银行划归预算外体系；1974 年又将邮政服务基金和养老金担保公司划入；1981年再把战略石油储备金纳入；1992年开始把社保计划完全纳入预算外体系。出于对预算收支膨胀的担忧，预算外体系也有部分被划进预算内体系。比如，1976年的进出口银行、1978年的汇率稳定基金和1980年的养老金收益担保公司等。

在管理形式上，美国的预算外管理以权益预算管理模式为主。每项预算外资金的设立都必须由相关政府部门事前组织编制并提出议案，交国会审议通过后形成专门法案（高培勇、于树一，2011）。除非修改这些法律条款，否则预算外资金的预算分配权、收入来源和支出义务都不会改变。国会以及国会预算办公室（CBO）是预算外资金的"监护人"，它们拥有预算外资金的审批权和监督权；权益项目对应的管理司局负责这些预算外"权益"项目的具体执行工作。当预算外收支或其管理出现了正当合法权益被侵害的情况时，司法部门就会介入，保障并监督"权益预算"的依法实施。对预算外资金实行总量控制和监督管理，是美国综合预算管理（Unified Budget）的重要内容（高培勇、于树一，2011）。

3.2.2.2 英国的全面预算管理实践：统一预算管理

作为现代公共预算制度的起源地，英国的政府预算制度也经历了漫长的改革和完善过程。经过几百年的努力，英国建立了一套相对完备的预算法律体系，形成了约束政府财政预算活动的基本制度框架（牛美丽，2014）。其中，1789年的《联合王国统一基金法案》建立了"统一基金"（是政府在英格兰银行的公共账户名称），规定所有的政府收支必须由基金集中收付，并将收支信息统一在一个文件中，形成正式的预算文件。1866年，《国库与审计部门法案》建立了总审计长制度，设立了国库审计部和职业审计员,加强了议会对预算权的控制和对政府预算行为的监督,建立了英国现代预算制度的主体框架。

英国的预算外资金形式和管理方式与美国有着明显区别。美国的预算外资金管理主要围绕各类公共基金展开,而英国的预算外管理以"半官方机构(Quangos)"或"非部属公共机构(Non-Departmental Public Bodies,NDPBs)"①为核心。英国 NDPBs 协助承担了许多公共职能,如独立管制、政策建议、研究、判决、申诉、商业和健康服务等。大量采用 NDPBs 来承接部分公共职能,是鉴于它们在提供某些特定的公共品或公共服务方面有其独立性与专业性优势。另外,随着公共事务的日益复杂以及公共服务需求的不断增加,政府需要各类专业性的人才和机构来提供无明显党派利益色彩的决策意见,协助运营、监管公共企业或管理各类文体安全等公共生活领域,并借助这些机构的相对独立身份来执行食品药品农业等领域的监督、仲裁工作。更何况,NDPBs 是独立的法人实体,它们在运营方式上比繁文缛节的政府部门要更灵活,能更迅速地回应新需求或特殊情况。

根据英国内阁办公室的最新统计,由 21 个政府部门资助的 NDPBs 共有 497 个,分为咨询类(Advisory NDPB)、行政类(Executive NDPB)、仲裁类(Tribunal NDPB)以及其他独立监督委员会(Independent Monitoring Boards)四大类(见表 3-2)。从其特征来看,NDPBs 不同于常规的政府部门。它们与政府部门按市场原则进行交易合作,且自有收支并不纳入统一的政府预算之中,因而也不受正常预算拨款程序的约束,但 NDPBs 又并非私企,它们在财政来源上仍然依赖于政府,机构的主要领导也多由政府指派。

---

① NDPBs 是 Quangos 的官方用语,因此下文主要用 NDPBs 而非 Quangos。

表 3-2　　　　　　　英国非部属公共机构（NDPBs）

类型	机构属性	数量（个）
咨询类	由多个委员会组成，主要为部长们提供独立和专业的政策建议。资助部门为委员会配备一名秘书并承担其支出。如低薪委员会和公众生活标准委员会等	170
行政类	依法成立，主要任务是执行行政、管理、监管或商业职能，其运行有一定独立性，自行负责人事、财务事务，接受委员会而非部长们的监督。资助部门依据《公共拨款委员会实践准则》拨款。如环境署、国家博物馆或艺术馆等	175
仲裁类	一般在法律领域拥有权限，与审裁服务部（司法部的行政部门）并列，接受行政司法和审裁委员会（司法部资助的一个 NDPBs）的监督。如就业审裁	14
其他独立监督委员会	如狱政巡视委员会、非法移民遣送中心、短期拘留所等	138

资料来源：根据英国内阁网站的《Public Bodies 2013》整理而成。

尽管数量众多，但英国 NDPBs 的设立标准非常严格，每类 NDPBs 的管理方式也不尽相同（高培勇，2009）。比如，监狱狱政巡视委员会和非法移民遣返中心分别依据 1999 年《监狱条例》、2000 年《少年犯条例》以及 1999 年《移民庇护法》和 2001 年《羁留中心条例》设立，具有明显的"依法而设"特征。咨询类 NDPBs 则被视为王权的一种彰显，常由相关部长、总理或是女王直接任命委员会人选，但也可由组织自行任选。仲裁类比较特殊，它依法定条款运作，但 2005 年后主要由司法委派委员会（JAC）负责审裁其成员任命。英国内阁办公室曾就 NDPBs 的管理提出了几项指导原则：必须确定它是提供该类公共服务最适合、最有效的方式；在某些情况下，比如机构拥有收费权、准入权、裁断权时，新设此类 NDPBs 必须获得法律授权。设立 NDPBs 时，需要清晰界定它们与资助部委之间的关系，确保能在政府授权和组织独立性之间保持平衡，所获得的财政资金用得其所。在此类机构的监管方面，英国的 NDPBs 监督体系被视为预算外资金管理的典范（Radev.，2006），因为它在保证 NDPBs 的独立性、服务性，以及国会、政府对它们的监督控制之间实现了较好的平衡。具体讲就是，由国会对 NDPBs 实行问责管理。国会要求政府保障 NDPBs 的相对独立性，但 NDPBs 也要对国会以及所提供公共服务负责，定期接受检查评估，以评判公众是否仍然需要它们提供的公共服务；由对应部委实施"统一预算"管理（Consolidated Budget）。NDPBs 的支出不仅要列入对应部委的部门预算拨款中，而且 NDPBs 的资金支出必须控制在预设限额内，并定期向国会汇报其资金使用效率；NDPBs 还需遵循其他部委所设立的标准化管理体系。如财政部的会计报告和审计体系、公众生活标准常设委员会公布的治理标准和会员执行准则、国家审计办公室的正式审查等。

3.2.2.3　德国的全面预算管理实践：强调全面、统一与完整原则

德国也是一个实行联邦共和制的国家，《基本法》《预算原则法》以及《联邦预算通则》等法律文件规定了它的财政预算基本制度和原则（Heller，2013）。其中，1949 年制定的德意志联邦共和国《基本法》规定了联邦与各州之间的财政收支权限以及各自的预算基础；《预算原则法》规定了德意志联邦和各州预算共同适用的基本预算原则；《联邦预算通则》对联邦预算做了具体规定，有关州预算的相关规则见于各州的宪法和预算通则；以《基本法》《预算原则法》或各预算通则为基础，联邦和各州每年还要由议会通过当年度的《预算法》，对本年的预算规划进行法律授权。

从计划、编制、执行、监督直到议会免除政府的责任，德国的预算

周期会延续三年半左右的时间，议会在这个预算周期的每个阶段都发挥着重要作用（Heller，2013）。德国的政府预算一般由五年财政计划和当年财政预算构成（樊继达、王萍，2005；高亮、高晓雷，2010）。当年的财政预算均以五年财政计划为依据，而联邦议院一般会对政府汇总提交的预算草案进行三次大的辩论（也称通读）再决定是否通过。在监督评价阶段，由独立的审计署出具的年度审计报告会提交给议会，成为议会决定是否对政府免责的重要参考依据。

根据适用阶段的不同，德国的预算原则可以分为适用于所有预算阶段的一般预算原则和只适用于特定的预算领域或预算阶段的特别预算原则，预算全面性是预算原则中的重点内容（Heller，2013）。

一般预算原则中的总体覆盖原则要求政府的全部收入应当用于覆盖全部支出，原则上禁止对预算收入限定使用目的，必须对预算收支进行统一的预算管理，无例外收支。特别预算原则中的第一条就是统一与完整原则。它要求某一地域实体的各项财政经济规划要全部汇总到一部预算规划中，所有的政府收入和支出都必须在这部统一的预算规划中进行统一预估，并受议会决定的统一约束。公共部门的派出机构，比如联邦或州立的经营实体与公共企业，他们的经济规划和年终报表也要作为预算规划的附件报议会审批，或者预算规划中要有相关注释援引派出机构的经济规划。

全面性不仅适用于预算编制，也适用于预算信息的公开公布与审计监督。德国的预算公开原则要求在预算周期的每个阶段所发生的有关预算的重要情况都必须让公众知情，尤其是议会公开举行的会议。政府必须清晰、准确、真实地记载地域实体内的全部财政事项，并将这些预算信息对外公开，接受审计和民众监督。审计署的审计范围既包括《预算法》及预算规划，也包括联邦或州在预算规划外的财政经济活动，如资产经济领域的公共企业和公共参股单位的活动（Heller，2013）。

3.2.2.4 日本的全面预算管理实践：协调统筹三本预算

日本在预算全面性建设方面做出了许多努力，也是政府预算信息公开的典范之一。从预算编制的形式上看，日本政府的预算案通常由一般账户预算、特别账户预算和政府相关机构预算三类预算组成。在三类预算中，特别账户预算是日本政府预算管理中的难题，被称为"正房（一般账户预算）喝粥，偏房（特别账户预算）吃肉"现象。特别账户预算是针对特定目的的国家项目支出预算，如养老、社会保险等特殊公共服务和相关企业（年金特别账户，厚生保险与国民年金都在其中）等。它通常单独运作管理，预算资金要么来源于其自有收入，要么是从一般账户预算或其他特别账户预算中转移而来。虽然对某些公共事务实行单独预算管理有优势（如理清某项服务的投入收益关系，提升管理效率等），但是，大量特别账户预算的存在不仅使得政府预算更加复杂难懂，也可能累及整体预算效益。因为不管实际需求如何，每项特别会计账户的收入都只能留存于该专户，还常被用于一些显然不必要或浪费性的开支上。一旦收入来源固定，旱涝保收，支出部门提高支出效率的积极性也会降低，所以他们常设法将支出项目从管理严格的一般账户预算转为相对宽松的特别账户预算。1967年时，日本共有45项特别账户预算；1970年日本政府开始控制新增特别账户预算并削减已有的特别账户预算。不过，到2001年日本政府重组运动时期，仍然存在38个特别账户预算（Horie，2010）。2003年2月，财务大臣盐川正十郎下令彻查所有特别账户预算，3月，财政体制委员会正式启动了特别账户预算审查工作，《有关特别账户的法律》也随后出台。根据《有关特别账户的法律》，各个特别账户必须依法披露其资产和负债情况，实行特别账户预算管理的各项公共服务、支出项目以及企事业单位也必须进行合理化和效率性审查。审查范围不仅包括特别账户的预算收支，还包括其从一般账户预算划归特别账户预算的过程，以权衡它们是否有必要从一般预算账户中独立出来实行单独管理。经过一系列审查后，日本政府最终决定在2011年以前将特别会计账户从2006年的31个合并、缩减到17个，特别账户预算审查中发现的闲散留存资金则被统筹转入一般账户预算或直接用于当时的"财政重建"工作。

与预算"全面性"相关的另一种财政收支是日本的财政投资贷款项目（FILP，简称财投）。财政投资贷款项目并非日本中央政府预算中的正式组成部分，因为它不是一项退休金或补贴，而是通过政府隶属机构或地方政府来提供的政策性资金。推行某项政策时，政府要么直接拨款投资，要么提供一笔贷款，不过，贷款条件通常比民间金融机构的要优厚。在预算紧缩时期，FILP不失为一条可选的融资路径。而且，由于FILP可获得的资金来源丰富、资金量巨大，财投计划在日本被各级政府广泛采用，这也是财投计划俗称"第二政府预算"的原因。2001年，日本财投大改革，邮政储蓄之类的资金来源被取消，财投项目可获得的资金量锐减。与此同时，日本政府也加强了政策协调力度，由内阁官房负责检查各部门的政策交叉内容并协调政策制定、预算制定与执行。从2004年开始，有意识地选取一些跨部门或重叠性的政策与项目加以审查并对其进行以整合为核心的政策或项目"集群化"处理，到2008年时，内阁官房有已敲定至少17个政策集群（Horie，2010）。

在日本，财务信息披露的重要性常被忽视，因为大部分的改革注意力都指向了财政控制和预算制定。尤其政府资产和债务信息，远不如企业会计账户完善（Horie，2010）。日本政府的预算和会计体系原本沿用的是现金收付制（法律规定的），但近年来，权责发生制会计和综合财务报告制度被引进并逐步铺开来，政府预算公开也得到了有力推进。日本《财政法》是有关国家预算制定的基本法，根据它的规定，政府提交给国会的预算案必须由预算总则、年度收支预算、跨年度收支预算等基础性预算文本和有关收入预算的详细说明、有关国库收支情况的说明等一系列预算说明文书组成。1998年到2002年，日本政府每年都会编制基于整个政府财务的综合资产负债表（含一般会计账户和特别会计账户的资产负债表信息），并将相关财务结果公之于众。从2003年开始，政府制定了整套完备的财务报告并将其向社会公开（包括资产负债表、活动费用说明、资产和债务变化说明、部门财政收支说明等）。2007年《有关特别会计的法律》也明确要求特别会计账户必须制定财务资料，并提交国家会计检察院审查。各独立行政机构也要编制并公开其财务信息，政府下属企业则从2000年开始编制行政费用表和其他财务资料并对外公开（Horie，2010）。在法定要求的预算信息之外，日本财务省向国会提交预算案时还会附加法定条款之外的预算文本，如"预算说明"或"支出详情"。因为这些非法定预算文件更加灵活，能根据需求变化随时做出变动，如果他们想强调某项具体政策的重要性，也可以在这些文件中详述该政策领域的日益重要性。以"预算说明"为例，它是一本厚达百余页的手册，是对收入和支出预算及财投项目（FILP）进行解释的文件。它根据主要的功能支出领域来安排预算，如社保、教育、科技、债券发行相关费用、养老金、地方转移支付、国防、公共工程、经济合作、中小型企业、能源、食品以及其他，在对这些职能领域做进一步细分后，再对具体政策和项目加以简要解释和年度比较。

日本的预算公开也做得很完善（牛美丽，2014）。在预算过程中，日本财务省会制作各种公开材料来说明日本的财政状况，这些材料不仅向公众提供,还会放到财务省网站主页上。各支出部门也要制作各种与其预算相关的材料并放到部门官网上。政府与媒体的互动也很频繁。比如,职能部门的高层官员通常会在与财务省讨价还价时召开新闻发布会,向媒体大众通报他们的协商(讨价还价)结果。与职能部门的协商结束后,财务省(主计局)也会在预算草案已递送至内阁但内阁尚未批复之前举办一次新闻发布会。

3.2.3 经验启示

总的来看,美国、英国、德国、日本等国家在推进预算全面性、建设现代公共预算制度上的进度不一,所面临的问题以及改革措施也各不相同。但它们在现代预算制度的建设过程中都非常重视预算内容的全覆盖性,以及各类预算之间的相对独立与统筹管理的平衡问题,议会、政府、审计、公众等不同主体在预算过程中也有着较为明确的分工、定位。

虽然美国、英国、德国、日本等几个国家都暂时未能实现所有政府收支"应管尽管",但预算的全面性原则自其产生以来就一直被强调,预算外资金或预算外机构的管理普遍是各国预算改革中的焦点话题,也成为它们构建现代预算制度的必要环节。全口径预算通常有几个递进层次:第一步应该是从概念和内容上厘清、理顺全口径预算的内涵与外延。第二步便是通常所说的行政层面和立法层面的全口径,即政府预算应该覆盖所有政府收支,以及立法机构能对覆盖了所有政府收支的行政预算进行审查监督。从 OECD 国家的普遍经验以及美国、英国、德国的预算管理实践来看,不管预算形式或预算管理形式如何,政府预算的全面性、综合性都是实行现代预算制度的国家所遵循或努力追求的基本预算原则之一。因为只有这样才能完整地呈现在任政府的政治承诺与施政大纲，支撑这些承诺与大纲得以实现的资金来源和支出流向才能得到有效的规划与监督。德国在法律文件中明确规定政府预算必须遵循统一完整原则，禁止用不受监控的资金建立小金库或特别基金；美国则早在1967年时就提出了综合预算的概念，建议采用单一、统一的方式来编制联邦预算，将政府的所有功能和活动都纳入预算编制流程；英国的NDPBs虽然享有一定的运行独立性，但它来源于政府的资助资金必须纳入政府部门的统一预算管理范围内，并定期向国会汇报资金使用情况。

全口径预算是实现政治问责的重要手段。除了政府本身对预算全面性或综合性的重视外，国会等立法机构在美国、英国、德国、日本等国家的预算管理实践中的重要角色和地位也值得关注。许多政府收支即便不需要按正式预算流程编制并提交立法机构审批，也必须要有成文的财务资料报送立法机构知晓。以预算外资金为例，尽管世界各国的政府预算覆盖范围与管理方式各异，但无论其预算外资金是否包含在年度政府预算中提交给立法机构审批，它们的总收总支情况都需要报送立法机关知晓。美国的综合预算要求，联邦政府的所有开支和所有的政府信托基金必须全面纳入预算过程并计算预算总额（冯静，2009），预算外资金的资金总额等信息也要明列在政府预算文本中并报送给国会知晓、监督。所以，无论美国社会保障基金在预算"内""外"如何反复，变化的也只是它的会计和统计口径，并未改变其专款专用基金的特点，也没有取消它必须在政府预算文件中明示的要求。英国的NDPBs享受政府部门资助的同时，也要纳入资助部门的统一预算管理范围内，接受国会的预算总额控制和日常监督。德国的公共企业之类准公共部门的经济规划和年终报表必须以预算附件的形式报议会审批，日本的政府相关机构的预算也必须接受国会监督。

美国、英国、德国和日本在政府预算的公开透明方面都走在世界前列（牛美丽，2014），它们非常注重政府会计体系与政府预算体制的衔接，并在此基础上拓宽、加深政府预算信息的公开，增强政府预算的社会回应性。借由政府会计制度和信息公开制度的革新，以及政府预算审计的相对独立性，政府预算管理的全面性与透明性得到有效推进。比如，英国政府的政府统一账户旨在建立一套能够覆盖所有履行公共职能或其资金完全或实质上来源于公共财政资金的机构或组织的综合财务报表体系。美国每年都要公布全面翔实的年度政府财务报表，预算外资金或预算外机构的收支信息被囊括其中。德国的统一完整原则也适用于预算公开，除涉及情报安全工作的详细预算信息外，所有预算信息都必须对外公开。日本政府则从 2003 年开始制定整套完备的财务报告并将其向社会公开。

3.3 全口径预算：中国实践

将政府收入和支出全部纳入预算，实行全口径预算管理，是建立现代财政制度的基本前提，也是我国预算改革进程的重要环节。自 1999 年启动以建立现代公共预算制度为目标的综合预算改革以来，中国政府相继实施了部门预算改革、国库集中收付体系改革、政府采购改革等一系列改革（许金柜，2014）。通过将预算外资金纳入预算管理或实行"收支两条线"管理，将国有资本经营收益纳入预算管理、土地出让金纳入地方基金预算管理等具体工作，纳入预算约束的政府资金越来越多（马骏、林慕华，2012）。在这一改革进程中，2003 年召开的党的十六届三中全会通过的《关于完善社会主义市场经济体制若干问题的决定》要求"实行全口径预算管理和对或有负债的有效监控"，首次提出了全口径预算管理的概念（张德勇，2015）。2005年，国务院《关于深化经济体制改革的意见》要求"改革和完善非税收入收缴管理制度，逐步实行全口径预算管理"。2012年，党的十八大报告明确"支持人大及其常委会加强对政府全口径预算决算的审查和监督"；2013年，《中共中央关于全面深化改革若干重大问题的决定》提出了"实施全面规范、公平透明的预算制度"的目标（许金柜，2014）。

2014年8月31日，十二届全国人大常委会第十次会议表决通过了《预算法（修正案）》草案。新预算法明确规定了以一般公共财政预算等四本预算为基础的全口径预算体系，提出了"建立健全全面规范、公开透明的预算制度"的总目标，中国的全口径预算体系建设和管理进入了新的历史阶段（黄海燕，2015）。随着《国务院关于深化预算管理制度改革的决定》《财政部关于完善政府预算体系有关问题的通知》文件的相继发布，以全口径预算管理为基础的现代预算改革步伐进一步加快。然而，具体到全口径预算体系中的四本预算，它们的改革推进历程和改革成效各有千秋。

3.3.1 国有资本经营预算改革

国有资本经营预算是对国有资本收益进行安排的收支预算，它是伴随社会主义市场经济体制改革的推进而逐步建立和完善的（文洪朝等，2013；谭啸，2014；粟翠智，2014；高培勇等，2015；黄海燕，2015）。1993年11月，中共中央十四届三中全会通过的《中共中央关于建立社会主义市场经济体制若干问题的决定》首次明确提出了"国有资产经营预算"；1994年《中华人民共和国预算法》和1995年《中华人民共和国预算法实施条例》规定政府预算按复式预算编制，并将政府预算分为政府公共预算、国有资产经营预算、社会保障预算和其他预算等几大类（许金柜，2014）；2002 年，党的十六大做出了《关于建立国有资金经营预算的决定》；2003 年的《政府工作报告》要求"抓紧完善国有资产监督管理相关法规和实施办法，研究建立国有资本经营预算制度和企业经营业绩考核体系"（雷厚礼，2007）。此后，相关理论研究和制度建设从"国有资产"转向了"国有资本"，各地方政府也相继制定、出台了有关国有资本收益管理的文件（高严，2010）。当时，地方有关国有资本经营预算的试编可大致归纳为"北京模式""江苏、云南模式""深圳模式"和"湖北模式"等四种模式（高培勇，2009）。

改革转折点在 2007 年。《国务院关于试行国有资本经营预算的意见》决定从当年开始在中央本级试行国有资本经营预算制度，地方试行的时间、范围和步骤由各省（区、市）及计划单列市人民政府决定。中央国有资本经营预算试行范围暂定为中央监管企业和烟草企业。这一改革意见的实施不仅结束了中国国有企业 13 年来只缴税不缴红利的时代，也拉开了建立国有资本经营预算的实践序幕（张季，2007；陈少晖、朱珍，2011）。2008 年，《企业国有资产法》专列一章规定了国有资本经营预算的目的、内容、编制年限、限制条件等具体内容。2010年，财政部首次对外公布中央国有资本经营预算收支情况，国有资本经营预算也首次提交全国人大审议；2012，首次汇总、编制地方国有资本经营预算并提交全国人大审议；2013 年，中央和地方国有企业经营预算初步实现合并。为贯彻落实新《预算法》和《国务院关于深化预算管理制度改革的决定》，2014 年 11 月 12 日，财政部发布了《关于完善政府预算体系有关问题的通知》，要求进一步完善国有资本经营预算制度并提高国有资本收益上缴公共财政的比例，将国有资本收益更多地用于保障和改善民生。

3.3.2 政府性基金预算改革

政府性基金预算是依照法律法规的规定在一定期限内向特定对象征收、收取或者以其他方式筹集的资金，专项用于特定公共事业发展的收支预算（熊伟，2012；黄海燕，2015；高培勇、中国社会科学院财经战略研究院课题组、张蕊，2015）。事实上，政府性基金的设立并非中国特例，世界上许多国家都会设立专门基金，以支持特定公共事业的发展。比如，美国、英国、欧盟、日本、韩国、澳大利亚和巴西等国家和地区都设立了用于支持民航机场、港口等建设以及电信服务、电力节能、废弃电器电子产品回收处理的基金。

中国从 20 世纪 80 年代开始设立各种基金，至 90 年代，基金设置过多、过乱等问题不断浮现，有些部门和单位擅自设立基金或收费项目，导致国家财政收入流失，预算外资金不断膨胀。1996 年，《国务院关于加强预算外资金管理的决定》明确要求加强基金清理和整顿。2009 年，财政部开始全面组织编制中央和地方政府性基金预算，《关于进一步加强地方政府性基金预算管理的意见》就加强基金预算管理、提高基金预算编制水平给出了一系列具体的指导意见（张荣芳、熊伟，2015）。2010 年，中央本级国有资本经营预算首次提交全国人大审议。《政府性基金管理暂行办法》也于 2010 年底出台，要求将政府性基金全额纳入财政预算，收支两条线。此后，一大批已到期或不适应管理体制要求的政府性基金被陆续清理或取消，应纳入公共财政预算的许多收费性项目也被转入公共财政预算管理。随着 2014 年新《预算法》和《国务院关于深化预算管理制度改革的决定》的陆续推出，政府性基金预算管理任务变得更加紧迫。2014 年 11 月 12 日，《关于完善政府预算体系有关问题的通知》要求，进一步完善全口径预算体系，加大预算统筹力度。

3.3.3 社会保险基金预算改革

根据 1996 年的《国务院关于加强预算外资金管理的决定》等文件精神，在国家财政建立社会保障预算制度以前，我国的社会保障基金在实际管理中长期按预算外资金管理制度进行（国务院，1996）。社会保险基金预算是根据国家社会保险和预算管理法律法规建立并反映各项社会保险基金收支情况的年度计划，在我国全口径预算体系的四本预算中，它的改革进展最为缓慢。政府性基金预算和国有资本金预算自 2010 年起都已进入提交全国人大审议的改革阶段，而直到 2010 年《国务院关于试行社会保险基金预算的意见》颁布实施，社会保险基金预算才开始在全国范围内按险种进行分类试编。2010 年底，企业职工基本养老保险基金、失业保险基金、城镇职工基本医疗保险基金、工伤保险基金、生育保险基金等社保基金预算完成了收支衔接与预算编制工作。在此基础上，居民社会养老保险、居民基本医疗保险基金预算也于 2011 年纳入了编制范围（高培勇、中国社会科学院财经战略研究院课题组、张蕊，2015）。2011 年 8 月，国务院第 168 次常务会议决定，自 2013 年开始，全国社会保险基金预算必须上报全国人大并向社会公布，各级社保基金预算则分别报本级人大审议审批，中国的全口径预算管理又向前迈出了重要一步（张德勇，2015）。

3.3.4 非税收入改革

我国的政府非税收入领域长期存在认识不一致、管理不够规范、运行效率较低等诸多问题，将包括非税收入在内的所有政府收支纳入预算管理，尤其预算外资金、制度外资金等长期游离于政府预算管理体制之外的公共资金，是全口径预算管理的基本目标。虽然预算外资金或非税收入是针对收入类型的划分,而与全口径预算体系的四本预算是针对预算类型的划分,但很明显,全口径预算及其管理绕不开预算外或非税收入问题。预算外或非税收入管理是全口径预算管理的重要内容,一般,公共预算、国有资本经营预算和政府性基金预算中都涉及大量的非税收入内容,它们的规范化、科学化是建立以全口径预算体系为基础的现代预算制度乃至现代化财税体制的重要前提(李晓慧,2011;张丽,2012;郑建新,2014)。只有财政收支"全口径"了,政府预算体系及其管理才可能"全口径"。

1994年分税制改革后不久,我国的预算外资金开始出现资金规模迅速膨胀及资金管理日益混乱等问题。为此,国务院发布了《关于加强预算外资金管理的决定》,要求严格预算外资金管理。2000年后,部门预算、国库集中收付和政府采购等改革相继实施,力求将预算外资金统一纳入部门预算管理和国库单一账户体系。2001年,《国务院办公厅转发财政部关于深化"收支两条线"改革进一步加强财政管理意见的通知》首次正式提出了非税收入的概念。随后,《关于2002年中央和地方预算执行情况及2003年地方预算草案的报告》要求"切实加强各种非税收入的征收管理"。2003年5月,《财政部、国家发改委、监察部、审计署关于加强中央部门和单位行政事业性收费等收入"收支两条线"管理的通知》对非税收入的具体内容做出了明确界定,各类政府非税收入必须按规定全额上缴国库或财政专户。2004年7月,《财政部关于加强政府非税收入管理的通知》对非税收入的概念和管理权责做了进一步厘清,明确了以行政事业性收费以及政府财政资金产生的利息收入等十类财政收入为主体的非税收入管理范围,初步建立了我国非税收入管理的制度体系。基于此,2009年《关于深化地方非税收入收缴管理改革的指导意见》和2012年《财政部关于进一步加强地方非税收入管理的通知》对非税收入的收缴管理与清理整顿做了进一步安排，要求按非税收入的资金性质将其分别纳入各类预算的管理范围之内。总之，随着我国全口径预算框架的逐步成型，非税收入的管理也必须更加贴近新的预算分类体系。除了进一步推动各级政府将所有非税收入纳入预算管理、全面取消预算外资金之外，还必须结合 2014 年《预算法》《国务院关于深化预算管理制度改革的决定》等法律法规的要求，加强对非税收入的分类预算管理。

3.4　全口径预算在中国：问题与对策

3.4.1　全口径预算面临的问题

预算是财政的核心，深化预算管理制度改革，实施全面规范、公开透明的预算制度，是深化我国财税体制改革、建立现代公共财政制度的迫切需要，是完善社会主义市场经济体制、加快转变政府职能的必然要求，也是推进国家治理体系现代化、实现国家长治久安的重要保障（许金柜，2014；黄海燕，2015；高培勇、中国社会科学院财经战略研究院课题组、张蕊，2015）。但值得注意的是，作为构建整体性服务型政府的关键内容，中国的全口径预算管理仍然存在内容不够全面、管理不够规范、配套机制不够衔接等问题，主要表现在以下四个方面。

3.4.1.1　现行的政府预算体系仍然不够全面、完善

新《预算法》界定了四本预算，但并没有界定哪些收支应纳入四本预算；提到了政府的一切收支要纳入预算，但没有界定哪些是政府的

收支（杨志锦、王青，2014）。受多年预算"碎片化"问题的影响，预算权力的分割和预算资金的分散格局一时难以消除（马骏，2013）。财政部门核心预算机构的角色未完全确立，对预算收支总额的控制乏力，许多财政收支仍然没有完全纳入全口径预算体系，或无法进行统筹安排和有效监管（赵早早，2014）。新《预算法》所规定的全口径预算体系暂未涵盖政府债务。

3.4.1.2 尚未形成制度性、动态性的统筹协调机制

以四本预算为基础的全口径预算体系管理还有许多待完善的地方。首先，因为政府收支类别复杂，所以预算管理的"一致性"很难落实。在各类预算的管理中，国有资本经营预算仅仅涵盖了部分国有企业，收益提取和再分配机制还不成熟（籍吉生，2013）。政府性基金预算名义上要报送全国人大审议，但其收支运作独立性很强，难以在各级政府层面做统筹安排，基金使用中的随意性也比较突出。而且，基金项目繁杂，纳入政府性基金预算管理的只是部分政府性基金，其管理运作也不够公开透明。社会保险基金预算有相对规范的收支内容、标准和范围，但它专款专用，预算编制和执行的主导权并不在财政部门手中，可调整和统筹的程度不高。

更为复杂的是四本预算之间的统筹协调机制问题。不同财政收支适用于不同的预算管理模式，四本预算本身的编制、审批和执行、监督程序也各有特点，但是，为了加强财政资金的统筹使用，各本预算之间必须形成规范、动态的衔接协调机制。尤其在不同的经济社会发展阶段，公共服务需求和政府职能重点不断变化，所以政府的财政预算结构也要相应加以调整。历史上，美国的社保基金就曾在"预算内"和"预算外"之间多次转换。我国的全口径预算体系刚刚建起，各本预算的定

位和分工尚不明晰，加之预算公开和透明度不足，各本预算间的收支调入划出与协调统筹更加难以开展。例如，2013 年全国国有资本经营预算调入一般公共预算用于民生支出共计 75.56 亿元，但很难辨别这些资金转出国有资本经营预算后，计入了一般公共预算中的哪些科目（杨志锦、王青，2014）。

3.4.1.3 各级人大在全口径预算监督管理方面发挥的作用有限

根据《预算法》等法律规定，我国的政府预算必须获得各级人民代表大会的审批和授权才具备合法性，而且人大有权对政府预算的全过程进行合法监督。然而，与美国、英国和日本等国的立法机构在全面预算管理的明确定位和关键作用不同，中国的各级人大并未在全口径预算管理中发挥应有的功能（蔡红英、陈瑞义，2014；张谦煜、姚明华，2014）。虽然近年来中国的人大预算监督力度已经有所加强，开始从原来的程序性监督迈向实质性监督，在信息维度和对话维度上的进展取得了较为明显的突破（林慕华、马骏，2012）。但这种改善主要是针对一般公共预算，就提交人大不久的其他几本预算而言，人大行使的更多只是形式上的审查监督职能。因此，无论是中国人大预算监督的强度，还是人大预算监督的广度与深度，都还有待继续推进。

3.4.1.4 现有的政府会计、审计以及信息公开等基础设施不健全

全口径预算管理是一项系统工程，只有与政府会计、审查监督以及预算信息公开等机制协调配合，才有可能实现全面规范、公开透明的政府预算制度的改革目标。我国政府部门以及相关公共部门长期沿用的是互相分割的会计核算体系，有财政总预算会计、行政单位会计、事业单位会计、基金会计等数种会计体系，严重影响了对政府预算收支的全

面、准确和真实反映（赵早早，2014）。现有预算收支科目和财务报表的透明和详尽程度既不足以让人们清晰明了地审视四本预算的内容，也不利于各类财政资金在四本预算内的合理归拢和统筹流转（杨志锦、王青，2014）。

政府审计是国家治理和政府预算管理中的重要环节（刘家义，2012），它不仅是政府规范自身权力行使的重要手段，也是人大监督问责的重要参考。以中央预算执行审计为例，作为一种监督问责行为，它主要对公共预算及其执行情况、公共资金使用的经济、效率、效果等财务状况和绩效结果展开审计（赵早早，2014）。在国外的经验中，审计以其独立、专业等优势在预算监督中发挥了重要作用。比如在德国，独立于行政的审计工作甚至已有300多年历史。虽然我国的政府审计在过去数年中与政府预算互相带动，已逐渐显现了它在预算分配和预算监督方面的强大影响，但总体上，我国政府审计的监督范围仍然偏窄，监督效能也未得到充分挖掘和发挥。

政府预算信息公开是落实公民知情权，加强政府预算社会监督的重要手段，是现代国家治理的重要组成部分（牛美丽，2014）。预算信息的公开透明与政府会计制度改革、与政府预算监督紧密相关。在政府预算的收支科目分类不清、会计核算不统一的情况下，不仅人大代表"看不懂"政府预算，已有的预算公开内容也会失去了实用价值。

3.4.2 推进全口径预算改革的政策建议

3.4.2.1 继续拓宽全口径预算体系的覆盖面

首先，进一步明确一般公共预算、政府性基金预算、国有资本经营预算、社会保险基金预算的收支范围，建立定位清晰、分工明确的政府预算体系（贾康，2014）。其次，对于尚未纳入预算管理的国有企业和政府性基金、预算外财政专户和地方性债务等内容，加强清理和甄别工作，陆续分门别类地纳入全口径预算管理。同时，加强政府间和部门间协同合作，在各级地方政府有计划、分步骤地开展与全口径预算体系建设及管理相关的知识培训、技术指导和进度协调，逐步将中央和地方各层面的全部政府收支都纳入全口径预算管理。

3.4.2.2 进一步规范全口径预算的协调管理和统筹利用

法治是现代国家治理的基本精神。作为国家治理体系的重要内容，全口径预算管理也要在《预算法》的基础上，积极制定、修订相关法律法规，依法理财。在后续法律法规的制定中，尤其需要进一步明确立法机关、政府机关、审计部门等各类实体的职能分工与角色定位，增强人大预算监督，规范政府预算执行，完善预算审计。为了避免预算规模的过度膨胀，有效提高财政资金的分配效率和运作效率，尤其需要进一步整合碎片化的预算分配权，增强财政部门的核心预算部门地位，严格预算总额控制。

一般公共预算是政府运转和经济社会发展的基础性收支安排，政府性基金数量众多且有着特定的服务目标与时限，国有资本经营收入是重要的财源，社保基金预算将随老龄化加速而压力增大。根据四本预算的这些特点和现状，在拓宽全口径覆盖面的同时，还需加大统筹力度，实现各类预算之间的有机衔接、互相补充（高培勇等，2015）。具体包括：及时清理过期的基金项目，将闲置或结余资金转入其他预算进行统筹，唤醒沉睡的财政资金；适时调整国有资本收益上缴比例和支出流向，保证国有企业市场活力和运营自主性的同时增强企业的社会责任；

继续推进各级社会基金预算编制，完善社会基金预算监管的制度设计。在试行社保基金入市的基础上，加大基金安全运行与保值升值问题的研究力度，增强基金运行的可持续性。

3.4.2.3 综合提升人大的全口径预算监督能力和监督效力

鉴于我国各地人大在全口径预算监督管理过程中的尴尬处境，为了进一步落实人大的预算监督权，需要从预算草案编制、预算信息说明、预算审批流程、预算监督内容、预算问责效力等多个方面，合力推动人大预算审查监督更加精细、负责、真实（林慕华、马骏，2012；蔡红英、陈瑞义，2014；张谦煜，2015）。比如，结合财政收支分类、政府会计体系和预算信息公开，编制更加精细化的政府预算；规范预算文本格式，丰富预算信息和预算说明，使政府预算成为"看得到""看得懂"的预算；开发信息交流平台，充分利用多样化的沟通、培训工具，使各级人大代表能及时了解最新的预算信息和改革动向，提升预算审查监督能力，尤其是对新纳入预算管理范围内的其他几本预算草案的审查监督能力；重构预算审批流程，包括增加"前预算审查"环节，延长人大代表的预算审查时间，确保立法机构开展实质性的预算审查（赵早早，2014），或在审查过程中适当引入政府、人大、媒体、公众等多元主体间互动（Horie，2010）等。总之，强化人大预算监督问责不仅要在现有全口径预算体系的基础上继续细化预算审查监督内容、扩大预算否决权的实施范围，也需要加强相关法制建设，保障人大预算审查结果的强制力，增强其预算监督和问责能力（林慕华、马骏，2012）。

3.4.2.4 推进政府会计制度改革和预算信息公开

全口径预算改革是一个系统工程，全面规范、公开透明的预算改革目标之间互相带动，互为促进。在相对全面的预算体系基础上，借由政府会计、审计等配套机制的改革，推动全口径预算信息和预算过程的公开与透明，再利用预算公开进一步监督、促进政府预算管理更加全面、规范、负责。配套机制建设方面，会计制度首当其冲。一个良好的政府会计制度有助于更全面、及时、可靠地反映政府的财政收支情况，为真实了解、评价政府的政策计划和支出行为提供基础性数据。从美国、德国、日本等国的预算改革经验来看，现代公共预算制度建设进行到一定程度时，政府会计体系改革也成为必然选择，以权责发生制为基础的权威的综合财务报告和综合审计报告能更准确、完整地反映政府预算信息，体现预算管理的全面性（刘家义，2012）。我国的政府会计改革包括整合行政单位、事业单位和国有建设单位等公共部门的会计制度，建立基于权责发生制的政府综合财务报告和政府会计标准体系等多项内容。在此基础上，还可以进一步尝试建立综合财务报告年度发布机制和政府成本核算机制，完善政府预算等信息公开，加强对政府的绩效问责。

参考文献

1. 李晓慧（2011）. 加强非税收入的管理. 北方经济，24：75—76.

2. 张丽（2012）. 加强行政事业单位预算外资金管理的措施. 现代经济信息，6：52.

3. 张谦煜、姚明华（2014）. 省级全口径预决算审查监督：辽宁样本. 地方财政研究，8：13—16.

4. 张谦煜（2015）. 新《预算法》实施与人大预算监督强化. 地方财政研究，1：17—20.

5. 李冬妍（2011）. 公共财政框架下我国预算制度改革研究. 中南财经政法大学学报，2：42—47.

6. 郑建新（2014）. 全面规范非税收入管理加快建立现代财政制度. 中国财政，18：42—44.

7. 张荣芳、熊伟（2015）. 全口径预算管理之惑：论社会保险基金的异质性. 法律科学（西北政法大学学报），3：159—169.

8. 李冬妍（2010）. 打造公共财政框架下全口径预算管理体系. 财政研究，3：19—22.

9. 高培勇等（2015）. 完善预算体系加快建立现代预算制度. 中国财政，1：28—33.

10. 高培勇（2009）. 建立全口径政府收支预算管理制度：中国财政政策报告2008/2009.：中国财政经济出版社.

11. 陆成林（2014）. 进一步深化全口径预算管理改革. 地方财政研究，8：1.

12. 蔡红英、陈瑞义（2014）. 人大实施全口径预算审查监督问题探讨. 行政事业资产与财务，25：7—11.

13. 赵早早（2014）. 全口径预算管理：理论探讨与实践评估. 地方财政研究，8：17—22.

14. 华国庆（2014）. 全口径预算：政府财政收支行为的立法控制. 法学论坛，3：32—39.

15. 杜坤（2015）. 全口径预算实现的法治化进路——以新《预算法》第4、28、55条为线索. 地方财政研究，01：12—16.

16. 王雍君（2013）. "全口径预算"改革探讨. 中国财政，6：30—32.

17. 蒋敏娟（2015）. 西方协作型预算对我国整体性治理的启示. 学习

与实践，6：60—66.

18. 马骏、侯一麟（2004）．中国省级预算中的非正式制度：一个交易费用理论框架．经济研究，10：14—23.

19. 曾凡军、王宝成（2010）．我国政府预算的碎片化现状及其整体性治理策略研究．理论月刊，9：60—62.

20. 曾凡军、欧阳昌永（2010）．基于整体性治理的我国政府预算研究．经济研究参考，53：37—39.

21. 曾凡军、刘璐（2013）．预算体制碎片化与整体性治理研究．经济研究参考，29：4—6.

22. 王淑杰（2013）．加强我国全口径预算管理的思考．财政研究，1：66—68.

23. 张斌（2014）．全口径预算的基本框架与配套措施．经济研究参考，66：15—16.

24. 竺乾威（2008）．从新公共管理到整体性治理．中国行政管理，10：52—58.

25. 牛美丽（2003）．美国公共预算改革：在实践中追求预算理性．武汉大学学报（社会科学版），6：795—801.

26. 刘畅（2013）．美国财政史．社会科学文献出版社．

27. 赵谦（2013）．美国财政预算信息公开的考察和思考（上）．中国政府采购，2：56—59.

28. 赵谦（2013）．美国财政预算信息公开的考察和思考（下）．中国政府采购，3：50—52.

29. 靳卫敏（2014）．河南省实施全面规范的预算公开制度研究．财政研究，5：52—54.

30. 牛美丽（2014）．政府预算信息公开的国际经验．中国行政管理，

7：110—117.

31. 刘俊秀（2011）．我国政府会计改革趋势探讨．财会学习，10：25—28.

32. 高培勇、于树一（2011）．预防腐败的财政措施及国际经验．中国社会科学院研究生院学报，1：44—50.

33. 玉文（1991）．英国预算管理情况介绍（下）．财政，7：61—62.

34. Heller，R.（2013）．德国公共预算管理．中国政法大学出版社．

35. 樊继达、王萍（2005）．公共预算管理的国际经验及启示．珠江经济，5：70—75.

36. 高亮、高晓雷（2010）．德国公共财政体系的考察与启示．中小企业管理与科技（上旬刊），10：87—88.

37. 马骏、林慕华（2012）．中国预算改革：未来的挑战．中国行政管理，6：7—12.

38. 张德勇（2015）．分税制实施以来的政府预算管理制度改革评估．地方财政研究，2：41—46.

39. 黄海燕（2015）．加快实施规范透明的预算管理制度．宏观经济管理，2：40—42.

40. 文洪朝等（2013）．论国有资本经营预算制度的建立与完善．山东社会科学，3：135—139.

41. 谭啸．（2014）．我国国有资本经营预算改革研究．财政部财政科学研究所．

42. 粟翠智（2014）．加强全口径预算监督的探讨．财政监督，21：51.

43. 雷厚礼（2007）．十六大以来党推进改革开放的实践与经验．理论与当代，2：21—24.

44. 高严（2010）．国有资本经营预算制的发展与实践思考．财会月刊，14：87—88.

45. 张季（2007）．拉开国有资本经营预算的帷幕．地方财政研究，8：1.

46. 陈少晖、朱珍（2011）．国企分红与国资经营预算建构——基于钢铁业国有上市公司的实证分析．综合竞争力，3：13—18.

47. 熊伟（2012）．专款专用的政府性基金及其预算特质．交大法学，1：62—73.

48. 籍吉生（2013）．国家审计推进全口径预算管理制度的路径探析．审计研究，5：35—39.

49. 林慕华、马骏（2012）．中国地方人民代表大会预算监督研究．中国社会科学，6：73—90.

50. 刘家义（2012）．论国家治理与国家审计．中国社会科学，6：60—72.

51. 贾康（2014a）．走向"现代国家治理"的财税配套改革——从《决定》到改革元年基本思路解读（上）．财会研究，9：5—7.

52. 贾康（2014b）．走向"现代国家治理"的财税配套改革——从《决定》到改革元年基本思路解读（下）．财会研究，10：5—6.

53. Caiden, N. (1978). Patterns of Budgeting. Public Administration Review (38).

54. Perri. (1997). Holistic government (Vol.)：London：Demos.

55. Perry et al. (2002). Towards Holistic Governance：The New Reform Agenda (Vol.)：New York：Palgrave.

56. OECD. (2002). OECD Best Practices for Budget Transparency, 2015-8-13, from http：//www.oecd.org/puma/ethics/

57. IMF. (2007). Manual on Fiscal Transparency 2007, 2015 -8 -13, from http: //www. imf. org/external/np/fad/trans/manual. htm.

58. Allen, R. et al. (2006). Managing and Controlling Extrabudgetary Funds. IMF Working Paper, 6 (286).

59. Horie, M. (2010). Budget Reform in Japan, Continuous Efforts but Still a Long Way to Go, In Wanna, J. , Jensen, L. & De Vries, J. Eds. The Reality of Budgetary Reform in OECD Nations: Trajectories and Consequences (Vol.): Edward Elgar Publishing Limited.

| 第二篇 |

电子治理与政府信任

第 4 章　基于知识图谱的国际电子治理研究回顾及热点透析

电子治理是公共管理研究的重要领域与热点议题，信息通信技术的飞速发展与全球电子治理的蓬勃兴起，推动着电子治理相关研究的不断深入与日趋完善。二十多年来，学界围绕着电子政务技术应用、电子治理管理实践与电子化公共服务用户行为等核心问题展开了各种有益的理论探讨与实证分析，取得了丰硕的研究成果。本章综合运用文献计量学方法与内容分析法，考察电子治理研究成果的时空分布，总结电子治理领域研究的主要文献、热点主题与研究前沿，以期从文献分析的角度把握国际电子治理研究的最新动向，推动相关领域研究的发展。

4.1　研究方法和数据来源

4.1.1　研究方法

本章运用 CitespaceIII 的文献共被引、期刊共被引、国家地区合作网络、机构合作网络、关键词共现网络等分析功能绘制电子治理领域（1992 年至 2015 年）的知识图谱。CiteSpace 软件系列是在科学文献中识别并显示科学发展新趋势和新动态的一种通用方法的最新研究成果，它属于多元、分时、动态的第二代信息可视化技术，其优势在于绘制的知识图谱能够显示一个学科或知识领域在一定时期发展的趋势与动向，形成若干研究前沿领域演进过程（陈超美等，2009）。

4.1.2 数据来源

本章以 Web of Science 数据库中的《社会科学引文索引》（Social Sciences Citation Index，SSCI）为样本来源，检索得到 SSCI 收录的治理研究文献 1492 篇（剔除书评、编辑资料等）。检索式如下：

Ts＝("government 3.0") OR Ts＝("electronic governance") OR Ts＝("electronic government") OR Ts＝("digital government") OR Ts＝("digital governance") OR Ts＝("e－government") OR Ts＝("e－governance") OR Ts＝("egovernment") OR Ts＝("egovernance") OR Ts＝("mobile government") OR Ts＝("government 2.0") OR Ts＝("e－participation") OR Ts＝("e－service * " AND "government") OR Ts＝("e－adoption") OR Ts＝("e－voting" AND "government") OR Ts＝("e－democracy" AND "government") OR Ts＝("e－procurement" AND "government") OR Ts＝("e－payment" AND "government") OR Ts＝("e－election * " and "government") OR Ts＝("E－gov") Refined by：document types：(article or review or proceedings paper)

Timespan：all years. Indexes：SSCI.

4.2　研究文献的时空分布和核心作者、期刊及机构分布

4.2.1　时空分布

4.2.1.1　时间分布

如图4－1所示,电子治理相关研究最早可追溯至1992年,文献数量在经历了1992年至1999年1—10篇的缓慢发展期与2002年至2006年20—60篇的稳定发展期后,2007年至2015年的文献量基本在100篇以上,并呈缓慢上升的趋势。现阶段,国际电子治理的研究呈现多元化的趋势(张敏等,2015)。

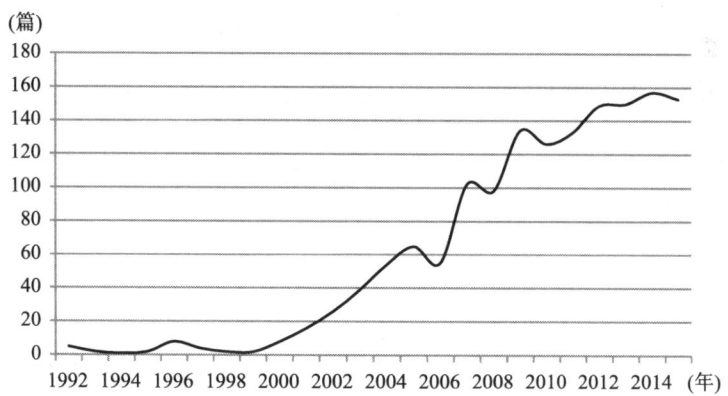

图4－1　1992—2015年SSCI期刊电子治理文献发表数量

资料来源:作者自制。

4.2.1.2 国家分布

在国家合作网络中,来自北美、亚太与欧洲的63个国家和地区对电子治理的研究做出了贡献(见图4-2)。节点的大小表示某一国家或地区的文献发表数量,发文数量最多的国家依次为美国(443篇)、英格兰(149篇)、西班牙(99篇)、荷兰(65篇)、中国(65篇)。

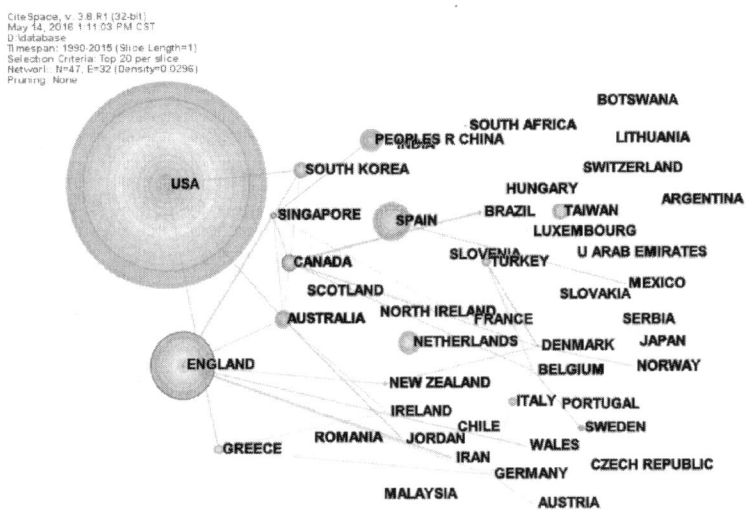

图4-2 国家(地区)合作网络

资料来源:作者自制。

就中介中心性排序而言(见表4-1),排序前五的国家依次为英格兰、加拿大、威尔士、澳大利亚、新加坡和德国。中介中心性反映出该节点在网络中的相对重要性,中心度越大,表明该节点与其他节点之间的联系越密切,在网络中其影响力更大一些。由此可知,在电子治理学术研究领域,英格兰、加拿大、威尔士、澳大利亚、新加坡和德国在合作网络中具有重要地位。

表 4–1　　国家合作网络中各国家中介中心性排序

Freq（频次）	Centrality（中心度）	Cited references（被引参考文献）
149	0.23	England（英格兰）
53	0.18	Canada（加拿大）
21	0.13	Wales（威尔士）
62	0.12	Australia（澳大利亚）
26	0.11	Singapore（新加坡）
21	0.09	Germany（德国）
16	0.07	Belgium（比利时）
65	0.07	Netherlands（荷兰）
12	0.06	Austria（奥地利）
23	0.06	Denmark（丹麦）
31	0.06	Sweden（瑞典）
37	0.05	Italy（意大利）

资料来源：作者自制。

4.2.2　核心作者、机构、期刊分布

4.2.2.1　作者分布

在作者共被引网络中（见图 4–3），被引频次排名前十的代表作者分别为 Heek R.（被引 250 次）、West D. M.（被引 212 次）、Moon M. J.（被引 207 次）、Layne K.（被引 179 次）、Jaeger P. T.（被引 159 次）、Fountain J.（被引 152 次）、Carter L.（被引 120 次）、Venkatesh V.（被引 139 次）、Davis F. D.（被引 137 次）、Norris D. F.（被引 88 次）。

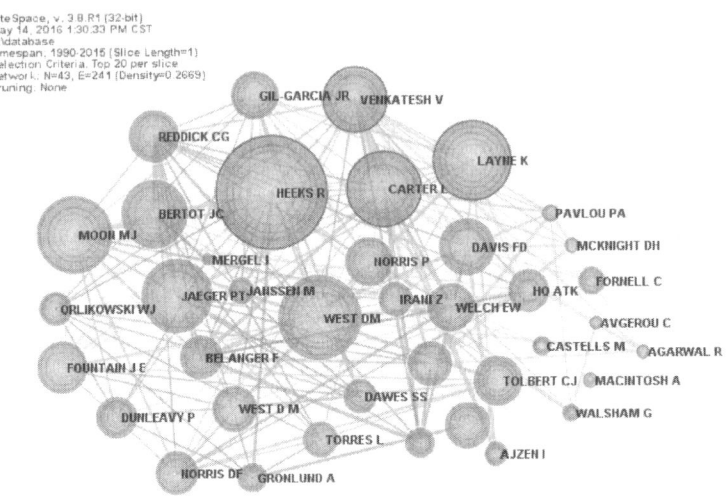

图 4-3 作者共被引网络

这些学者及其成果对电子治理领域研究发展起到了举足轻重的推动作用。Heeks R. 的综述型文章系统分析了电子政务研究方法、研究视角、研究应用以及存在的局限（Richard Heeks & Savita Bailur，2007）。West D. M. 研究了信息技术在公共部门中的应用以及如何提升公共部门绩效（West D M，2011）。Moon M. J. 研究了影响城市政府信息技术应用的因素（Moon M J，2002）。Layne K. 认为电子政务发展要经过分类（Catalogue）、办理（Transaction）、纵向整合（Vertical Integration）、横向整合（Horizontal Integration）四个阶段（Layne K，2011）。Jaeger P. T. 研究了电子政府和社交媒体可以增加政府的透明性、开放性和回应性（Jaeger P. T.，2010）。Fountain J. 于 2001 年出版的专著《构建虚拟政府：信息技术与制度创新》提出了信息技术执行模型。该模型在之后的研究中得到了学者的广泛应用（芳汀，2010）。由 Davis F. D 提出的信息技术接受模型凭借其简单的变量选择与关系设定，已成为电子政务接受领域最为经典的理论模型（Davis F. D, 1989）。Carter L. 将创新扩散理论、信任理论与技术接受模型运用于电子政务公众接受问题的研究中，相关成果对该领域研究具有十分重要的影响和作用（Carter L & Bélanger F, 2010）。

4.2.2.2 机构分析

在机构合作网络中（见图 4-4），被引频次排名前十的机构分别为英国的布鲁内尔大学（被引 30 次）、美国的马里兰大学（被引 28 次）、纽约州立大学奥尔巴尼分校（被引 26 次）、荷兰屯特大学（被引 26 次）、美国的伊利诺伊大学（被引 23 次）、美国佛罗里达州立大学（被引 22 次）、西班牙萨拉戈萨大学（被引 21 次）、国立新加坡大学（被引 19 次）、西班牙格林纳达大学（被引 17 次）、代尔夫特理工大学（被引 17 次）。

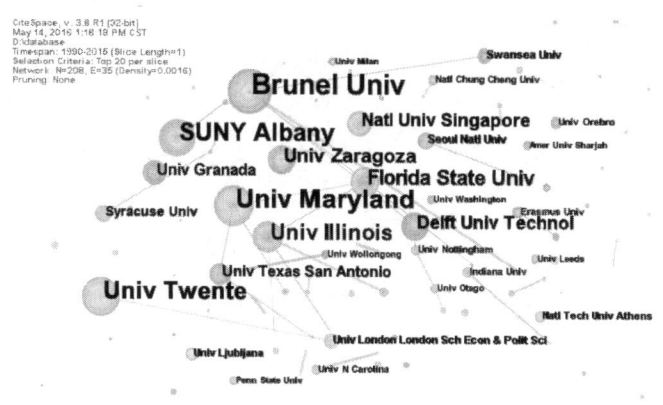

图 4-4　机构合作网络

资料来源：作者自制。

4.2.2.3 期刊分析

在期刊共被引网络中（见图4-5），被引频次排名前十的期刊分别为：Government information Quarterly（被引728次）、Public Administration Review（被引526次）、MISQuarterly（被引389次）、Communications of the ACM（被引319次）、Journal of Public Administration Research and Theory（被引286次）、Information System journal（被引241次）、Information Systems Research（被引231次）、Management Science（被引241次）、Lecture Notes in Computer Science（被引208次）、European Journal of Information Systems（被引196次）。

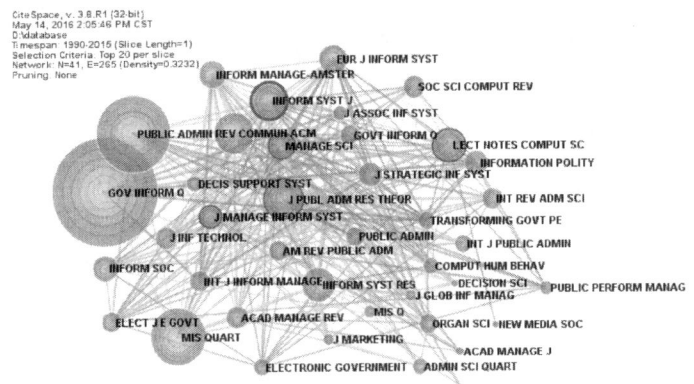

图4-5　期刊共被引网络

资料来源：作者自制。

4.3　电子治理研究热点知识图谱分析

学科的知识图谱可以探究学科的主要发展演进脉络及主要的知识基

础。借助于 Citespace Ⅲ 从关键词聚类的热点主题图谱来描绘电子治理领域的研究全貌。

4.3.1 研究热点

关键词是文献主题的重要表征信息，可以通过高频关键词来确定该领域的研究热点。利用 Citespace Ⅲ 的路径搜索算法（Pathfinder）分析电子治理网络中的研究热点。选取每个时段（1 年）频次大于 20 的关键词，生成关键词共现网络（见图 4-6），图中有 157 个节点、428 条连线。其中，频次最高的关键词是 e-government，鉴于对于分析研究主题的主要内容没有实际意义，所以隐去。

图 4-6 关键词共现网络

资料来源：作者自制。

如图 4-6 所示，词频较为靠前的 20 个关键词是 internet（互联网）、model（模型）、technology（技术）、information（信息）、management（管理）、trust（信任）、adoption（采纳）、information-technology（信息技术）、electronic government（电子政务）、governance

（治理）、systems（系统）、services（服务）、democracy（民主）、perspective（感知）、innovation（创新）、performance（绩效）、user acceptance（接受度）、participation（参与）、organizations（组织）、digital divide（数字鸿沟）。以上关键词分析表明国际电子治理研究的主要研究热点包括电子政务的技术、服务、管理模式以及创新和发展等。此外，电子政务的接受和采纳、公众对电子政务的信任、电子民主、电子参与、电子政务的绩效评估、电子政务的组织、数字鸿沟等也都是研究的热点主题。

4.3.2　主题聚类及主要领域

为了从整体上更好地了解电子治理研究的主要内容，利用 Citespace Ⅲ 的关键词聚类算法，对之前生成的 157 个高频关键词进行聚类分析，共生成 15 个聚类（见图 4-7）。

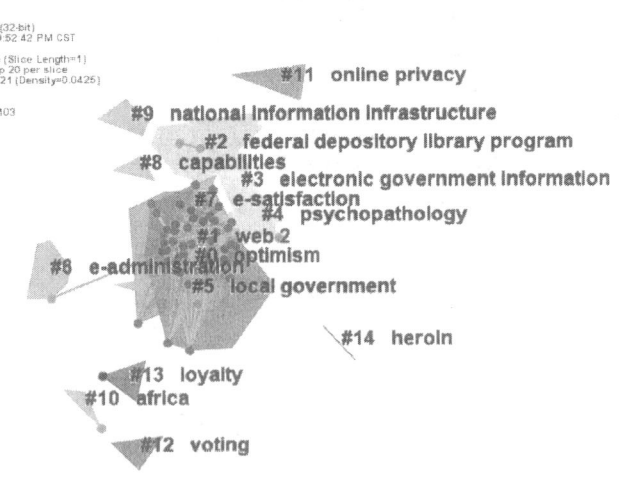

图 4-7　关键词聚类知识图谱

资料来源：作者自制。

如表 4-2 所示，15 个聚类中所包含的具体关键词，聚类 0 作为最大的聚类，主要围绕电子政务的技术应用和用户服务；聚类 1、聚类 5 和聚类 12 主要围绕电子政务的应用领域；聚类 2 和聚类 3 主要围绕应用电子政务实现政府信息公开；聚类 6、聚类 11 和聚类 13 主要围绕影响电子政务采纳的因素；聚类 7 和聚类 9 主要围绕促进电子政务发展的因素；聚类 8 主要围绕电子政务发展的一些新趋势，比如新媒体、大数据等技术的应用；聚类 4、聚类 10 和聚类 14 主要围绕医疗领域应用电子政府提供的电子服务。

表 4-2　　　　　　　　　　　聚类成员列表

领域	主题	聚类标识	关键词
电子政务的理论、技术和应用	电子政府的技术应用与用户研究	#0 optimism（电子政府的技术、用户）	Model; technology; information; management; trust; adoption; information-technology; electronic government; services; systems; perspective; innovation; performance; user acceptance; organizations; framework; acceptance; digital divide; egovernment; determinants; diffusion; challenges; technology acceptance model; local governments; lessons; cities; e-government; complexity; ease; digital government; supply chain; geographic information-systems; confidentiality; purchasing
	政府信息公开	#2 federal depository library program（政府信息公开）	Government; government information; future; electronic government information; documents; electronic publishing; federal depository library program; american statistics index (asi); commercial information services; citation analysis; congressional information service (cis); electronic transition; government printing office (gpo); microfiche collections; non-depository library; permanent public access to government information

续表

领域	主题	聚类标识	关键词
电子政务的理论、技术和应用	政府信息公开	#3 electronic government information（信息公开）	Access; depository libraries; Canada; electronic government information; government publishing; cd – roms; depository service program (dsp); electronic documents; federal documents; gateway library; government information access
	促进电子政府发展的因素	#7 e – satisfaction（政策）	Policy; national ICT policy; B2B diffuse patterns; it Education; technology diffusion; e – commerce
		#9 national – information infrastructure（信息基础设施）	National information infrastructure; government information dissemination; barriers; information age
	技术	#8 capabilities（智慧城市）	Digital cities; new media; electronic democracy; capabilities
	电子服务	#4 psychopathology（电子医疗）	Impact; accessibility; issues; experiences; validity; diagnostic interview schedule; lifetime prevalence; psychiatric – disorders; twin; electronic access; illness
		#10 africa（电子医疗）	African healthy expenditure; africa; healthy care
		#14 heroin（电子医疗）	Heroin; dug related deaths
电子民主	电子治理的技术及电子民主	#1 web（技术、电子民主、电子税收、采购等应用领域）	Internet; democracy; participation; information – systems; information technology; e – governance; public – sector; quality; transparency; transformation; social media; e – democracy; public administration; e – participation; digital government; knowledge; online; public management; communication; bureaucracy; attitudes; e – procurement; legitimacy; social capital; agency; electronic service delivery; e – taxation; communism; government printing office

续表

领域	主题	聚类标识	关键词
电子民主	电子治理的技术及电子民主	#12 voting（电子投票）	Internet-based elections; internet voting; online voting
		#5 local government（地方政府实践）	Governance; behavior; networks; intervention; community; learning; african-americans; cancer; collective intelligence; nict; smart community
用户研究	影响电子政务采纳的因素	#6 e-administration（电子行政）	Procedural justice; feedback; interviews; perceived fairness; self-appraisal; subordinate; supervisor ratings; voice
		#11 onlineprivacy（隐私保护）	Predictors; mortality; behaviors
		#13 loyalty（信任）	Involvement; health; commitment

资料来源：作者自制。

通过对上述自动聚类的结果、聚类关键词以及相关文献的研读，可以发现，电子治理领域大体可以分为三个研究领域：电子政务的理论、技术及应用；电子民主；用户研究。

（1）电子政务的理论、技术及应用，其研究内容主要涉及影响电子政府实施的因素；美国、韩国、印度等电子政府建设的实践；电子政务网站使用及评价、电子政府项目的评价估；开放式政府及政府数据公开；社交网络、移动终端等新技术的使用；电子政务在公共服务领域的应用。

（2）电子民主。其研究内容主要涉及电子民主的理论、电子民主实现的途径和障碍，其中，还包括电子参与的实现机制及参与程度的评估、电子选举（E-voting 或 E-election）等。

（3）用户研究。其研究内容主要涉及用户的需求，用户的行为及为用户服务的模式等，电子政务的采纳和接受度的研究是其中的研究热点。

4.4 电子治理的主要研究内容及主题演进

4.4.1 电子治理的主要研究内容

4.4.1.1 电子政务评估

电子政务评估，主要是指对政府采用电子政务之后的输出和产生结果进行评估，分为电子政务项目评估和电子政府系统、政府网站（网页）评估。电子政务项目评估从成本－收益分析的角度分析电子政务项目的绩效。Gupta 提出了电子政务项目的评估模型。评估的层次分为：投资回报率、项目的整体收益和成本、对于政府规划和控制的改进、对决策的支持作用、提供的信息的价值、电子政务系统的特征（Gupta & Jana D，2003）。Irani 从成本、收益及风险的角度研究了英国公共部门的信息系统的绩效，同时考察了文化和组织对电子政务绩效的影响（Irani et al.，2005）。政府网站的评估主要以某一领域的政府网站服务质量与系统质量为评估对象，Bilsel 从基础设施、可靠性、回应性、私密性、同理性、信息质量、沟通功能这七个维度测量了土耳其医院的电子政务网站的功能（Bilsel & Büyüközkan，2006）。电子政务网站的评估也包含电子政务网站的安全性评估、网站质量评估、用户满意度评估等（Sun & Wu，2009；Barnes & Vidgen，2006；Grimsley & Meehan，2007）。

4.4.1.2 开放式政府建设

开放式政府建设是电子治理领域的新兴热点问题。2009年奥巴马政府颁布了《开放政府指令》,承诺建立参与、协作、透明的政府,政府的透明性与开放政府的研究成为电子治理研究的热点。开放数据(Open Data)是开放政府(Open Government)建设的核心环节。开放式政府要求政府机构必须及时在线发布他们内部管理和行政管理制度的信息;政府机构必须满足公众、非政府组织、私人组织合法的信息传递需求;政府机构必须完善目前的信息公开制度(Mcdermott,2010)。社交媒体为政府的数据以及政府的信息公开提供了技术保障(Gunawong,2014)。开放政府的目的是促进公众参与,提升民主与效率。但是,在实践中更多的只是增强了政府的透明和信息公开,而忽视了一些基本的民主原则,没有考虑其服务对象(公众、企业、社会组织的)的差异性及他们不同的偏好和利益诉求(Hansson et al.,2015)。仅仅开放数据是不够的,政府更多地需要关注开放数据对于顾客的使用价值。政府在开放数据过程中存在数据质量管理方面的挑战以及隐私和安全、版权问题、数据错误使用等方面的威胁(Nam,2015)。开放数据是一个复杂的过程,技术因素、组织因素、法律和政策、环境都是影响政府数据开放的主要因素(Yang et al.,2015)。

4.4.1.3 电子服务

电子化公共服务,政府应用信息技术手段为公众和企业提供更加方便、更加快捷和更加低成本的公共服务,如政府的电子采购系统、信息公开、针对企业的税收系统(e-taxation)、针对个人的医疗系统、电子教育、交通系统、社会保障系统等(Belanche D.,et al.,2014;Decman M., et al., 2010；Howard N., et al., 2014：Arduini D. & Zanfei, 2014）。关于电子化公共服务的研究主要关注两个层面：一是电子化公共服务的提供方——政府的行为逻辑，即政府提供电子化公共服务的组织行为、公务人员的个人行为、政府信息技术保障等；二是作为电子化公共服务的接受方——用户的行为逻辑。在两者中，对用户的研究居多，实证研究的结果表明，影响公众使用电子服务的因素包括对政府的信任和对互联网的信任。反过来，政府提供的电子化服务的质量也会影响公众对政府以及公共管理者的信任程度（Belanche D., et al., 2014）。随着信息技术的日益融合和政府服务意识的增强，电子化公共服务的手段会更加多样化和以客户为中心，以达到提供满足公众需求的定制化服务和中小企业的一站式服务的目的。

4.4.1.4 社交媒体、移动终端、云计算技术、大数据等新技术应用

信息通讯技术为电子治理的发展提供了重要的技术支持。近年来，云计算、社交媒体、大数据时代的兴起与飞速发展为电子治理的发展注入了新的活力，使电子化公共服务的内容不断丰富，功能不断增强。例如，社交媒体及其在政府部门的应用已成为电子政务研究的主要趋势（Criado et al., 2013）。社交媒体通过对话加强了政府和公众之间的联系（Mossberger K et al., 2013）。社交媒体最大的优势在于强化了公众的参与感，使公众由政府的"顾客"变成了"伙伴"（Linders D, 2012）。然而，决策者要因时制宜，根据组织条件与任务性质选择合适的社交媒体工具，公共管理者在应用社交媒体时，还需要有清晰的规划和明确的目的（Oliveira & Welch, 2013）。移动技术也为电子政务的发展注入了新的动力，尤其在移动政务的研究应用中，刘勇研究了移动政府在中国农村地区的接受和采纳情况（Liu et al., 2014）；Madden 分析

了日本社会对移动政府的潜在需求（Madden et al.，2013）。近年来，云计算技术以及大数据技术的推广普及也引发了学界的研究兴趣，相关研究涉及云计算架构在电子投票系统中的应用（Zissis D，2011）、大数据在政策分析中的应用、大数据时代政府数据开放的个人隐私安全保障等多个议题（Stough R & Mcbride D，2014）。

4.4.1.5 电子民主

电子民主（e-Democracy）指公民通过网络与政府就公共问题交换意见或进行投诉的活动（张楠，2010）。互联网论坛是公众网络参与的主要平台，如地方政府的 Electronic Town Meeting（eTM）（Brendan Galbraith et al.，2013）。公众电子化参与是一个涉及众多利益相关者的复杂过程，其运作及其结果受到技术因素、政治因素与社会因素的多重影响（Øystein Sæbø et al.，2011）。以发达国家为对象的经验研究表明，电子民主可以有力地促进政治民主进程，网络参与能够增加公众与政策制定者之间的互动交流（Garrett R. & Jensen M，2011），但关于非民主国家的相关研究并不支持该观点，Astrom 对非民主国家电子参与问题的分析显示，网络参与与民主化程度并未呈现出显著的正相关关系（Astrom et al.，2012）。

4.4.1.6 电子采纳

这一主题的相关文献主要关注对电子政务接受度及其影响因素的探讨。使用者对电子政务的采纳和接受是电子政务成功的基本前提（李晓方等，2013）。电子政务的使用者包括政府部门、公众与企业等组织及其成员。政府对于电子政务的采纳与政府部门的管理创新程度、组织流程再造进程、政府的层级以及规模相关（Moon & Norris，2005）。同时，政府对电子政务的期望和所做的努力、社会的影响、采纳的便利性也是影响政府采纳的主要因素（Gupta et al.，2008）。公众对于电子政务的采纳与感知有用性和感知易用性高度相关。Alawneh 等人的实证分析检验了安全隐私、信任度、可用性、公共服务的意识、公共服务的质量等因素对电子政务公众接受度的影响及作用（Alawneh et al.，2013）。Horst 的研究表明，感知有用性、个人经验、风险感知和信任对电子政务公众接受度具有显著影响和作用（Horst et al.，2007）。此外，Tung 与 Rieck 基于 Rogers 创新扩散理论，整合感知收益、管理准备、成本因素、外部压力和社会影响等因素建立了拓展模型，对新加坡企业电子政务接受度进行了实证研究。数据分析结果表明，感知收益、外部压力与社会影响对企业电子政务的采纳决策具有显著的正向影响和作用（Lai L & Rieck，2005）。

4.4.2　主题演进路径

通过 Citespace 软件中的 Timezone 功能，可以了解到研究热点的演进过程及前沿领域（见图 4-8），图下方的时间标签显示研究前沿的年代分布及其交互联系情况。

整体来看，电子治理的研究主题从供给方的技术应用、组织管理运作逐渐转向需求方的行为分析。具体的演进过程可分以下三个阶段：第一阶段为 1992—2004 年，研究主题聚焦于电子政务平台的建设技术应用，高频关键词包括互联网、模型、技术、信息等。第二阶段为 2004 至 2010 年，研究主题集中在电子政务的组织管理与运行架构，高频关键词包括官僚制、管理、公共行政、框架与数字鸿沟等。第三阶段为 2010 年至今，相关研究更加关注从需求方角度出发，对电子治理用户行为进行分析，高频关键词包括用户接受、信任、电子参与、透明政府等。

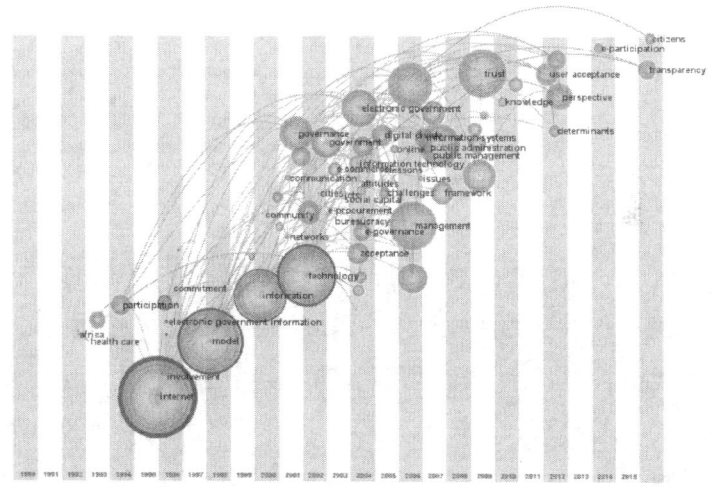

图 4-8 研究前沿时区视图

资料来源：作者自制。

4.5 总结

本课题对电子治理领域 1992—2015 年 1492 篇 SSCI 文献进行了时空分布分析，作者共被引、文献共被引、机构合作、期刊共被引网络分析，关键词共现网络及聚类分析，研究前沿时空视图分析，并结合文献内容分析，综合运用定性和定量分析方法，较为全面地呈现出电子治理领域研究的基本现状与最新动态。

第一，从文献量来看，电子治理领域的文献量呈逐年上升的趋势，学术关注度不断增加。从高产作者、关键文献、高产机构分布来看，欧美发达国家和地区是电子治理领域的主要研究力量，高校扮演着重要角色。从期刊的学科分布来看，信息科学和公共行政学术期刊是展示电子治理研究成果的主要平台。

第二，电子治理领域的研究内容形成了三个核心领域，即电子政务（政府）理论技术和应用、电子民主、用户研究。电子治理研究具体有六个热点主题：电子政务评估；开放式政府与政府数据开放；社交媒体、移动终端、云计算技术、大数据等新技术的应用；电子服务；电子民主；电子政府采纳。

第三，电子治理领域的研究主题经历了从聚焦组织内部的技术供给与管理运作，到关注外部用户需求的变迁过程。早期电子治理的研究主要集中在信息技术开发利用；2000年后逐渐关注到组织及管理与技术系统的相容分析；2010年至今，用户服务及用户的使用行为研究成为研究热点，并有可能成为今后的研究趋势。同时，随着移动端、大数据、云计算等新的IT技术的深入应用，多渠道、个性化的电子化公共服务供给也是未来关注的焦点。

综上所述，经过近20年的探索与积累，英美发达国家电子治理研究已经逐渐形成了较为完整的理论体系与分析框架。相比之下，我国电子治理相关研究的起步较晚，研究成果数量总体较低，学术影响力不足。本课题从文献回顾的角度出发，运用量化分析方法系统地梳理了国际电子治理相关研究成果，较为全面地展示了这一领域的研究现状与前沿趋势，以期对推动国内电子治理相关研究有所助益。

参考文献

1. 陈超美，陈悦，侯剑华（2009）. CiteSpace Ⅱ：科学文献中新趋势与新动态的识别与可视化．情报学报，3：401—421．

2．张敏，吴郁松，霍朝光（2015）．国际电子政务知识种群分析：演化、聚类及迁徙．情报杂志，12：133—138．

3．张楠，孟庆国，郭迅华（2010）．电子政务研究回顾 1999—2009：基于 SSCI 文献的分析．公共管理评论，143—161．

4．李晓方，张楠，孟庆国（2013）．关注互动、质量与广泛影响：2012 年国际电子政务研究的主题与趋势——基于 SSCI 文献的分析．电子政务，6：94—101．

5．芳汀，邵国松（2010）．构建虚拟政府：信息技术与制度创新．中国人民大学出版社．

6．Richard Heeks，Savita Bailur（2007）．Analyzing e‐government research：Perspectives, philosophies, theories, methods, and practice. *Government Information Quarterly*，24（2）：243－265．

7．West D M（2011）．Digital Government：Technology and Public Sector Performance. *Journal of Policy Analysis & Management*，25（4）：999－1001．

8．Moon M J（2002）．The Evolution of E‐Government among Municipalities：Rhetoric or Reality？．*Public Administration Review*，62（4）：424－433．

9．Layne K，Lee J（2001）．Developing fully functional E‐government：A four stage model. *Government Information Quarterly*，18（2）：122－136．

10．Bertot J C，Jaeger P T，Grimes J M（2010）．Using ICTs to create a culture of transparency：E‐government and social media as openness and anti‐corruption tools for societies. *Government Information Quarterly*，27（3）：264－271．

11．Davis F D（1989）．Perceived usefulness, perceived ease of use, and user acceptance of information technology. *Mis Quarterly*，13（3）：319－340．

12．Carter L，Bélanger F（2010）．The utilization of e‐government services: citizen trust, innovation and acceptance factors. *Information Systems Journal*, 15 (15): 5 -25.

13. Gupta M P, Jana D (2003). E - government evaluation: a framework and case study. *Government Information Quarterly*, 20 (4): 365 -387.

14. Irani Z, Love P E D, Elliman T, et al. (2005). Evaluating e - government: learning from the experiences of two UK local authorities. *Information Systems Journal*, 15 (1): 61 -82.

15. Bilsel R U, Büyüközkan G, Da R (2006). A fuzzy preference - ranking model for a quality evaluation of hospital web sites. *International Journal of Intelligent Systems*, 21 (11): 1181 -1197.

16. Sun F, Wu Z (2009). A New Risk Assessment Model for E - Government Network Security Based on Antibody Concentration. E - Learning, E - Business, Enterprise Information Systems, and E - Government, 2009. EEEE'09. International Conference on. IEEE,: 119 -121.

17. Barnes S J, Vidgen R T (2006). Data triangulation and web quality metrics: A case study in e - government. *Information & Management*, 43 (6): 767 -777.

18. Grimsley M, Meehan A (2007). e - Government information systems: Evaluation -led design for public value and client trust. *European Journal of Information Systems*, 16 (2): 134 -148.

19. Mcdermott P (2010). Building open government. *Government Information Quarterly*, 27 (4): 401 -413.

20. Gunawong P (2014). Open Government and Social Media: A Focus on Transparency. *Social Science Computer Review*, 33 (5): 1345 -1350.

21. Hansson K, Belkacem K, Ekenberg L (2015). Open Government

and Democracy: A Research Review. *Bulletin of Engineering Geology & the Environment*, 64 (3): 273 -284.

22. Nam T (2015). Challenges and Concerns of Open Government: A Case of Government 3.0 in Korea. *Social Science Computer Review*, 33 (5): 556 -570.

23. Yang T M, Jin L, Jing S (2015). To open or not to open? Determinants of open government data. *Journal of Information Science*, 41.

24. Belanche D. , et al (2014). Trust transfer in the continued usage of public e -services. *Information & Management*, 51 (6): 627 -640.

25. Decman M. , et al. E -government and cost -effectiveness e -taxation in slovenia. *Transylvanian Review of Administrative Sciences*, 31E: 48 -57.

26. Howard N. , et al. (2014). Perspectives on reproductive healthcare delivered through a basic package of health services in Afghanistan: a qualitative study. Bmc Health Services Research, 14: 359.

27. Arduini D. , Zanfei A (2014). An overview of scholarly research on public e -services? A meta -analysis of the literature. *Telecommunications Policy*, 38 (5 -6): 476 -495.

28. Belanche D. , et al. (2014). Trust transfer in the continued usage of public e -services. *Information & Management*, 51 (6): 627 -640.

29. Criado J I, Sandoval -Almazan R, Gil -Garcia J R (2013). Government innovation through social media. *Government Information Quarterly*, 30 (4): 319 -326.

30. Mossberger K, Wu Y, Crawford J (2013). Connecting citizens and local governments? Social media and interactivity in major U.S. cities. *Government Information Quarterly*, 30 (4): 351 -358.

31. Linders D (2012). From e-government to we-government: Defining a typology for citizen coproduction in the age of social media. *Government Information Quarterly*, 29 (4): 446-454.

32. Oliveira G H M, Welch E W (2013). Social media use in local government: Linkage of technology, task, and organizational context. *Government Information Quarterly*, 30 (4): 397-405.

33. Liu Y, Li H, Kostakos V, et al. (2014). An empirical investigation of mobile government adoption in rural China: A case study in Zhejiang province. *Government Information Quarterly*, 31 (3): 432-442.

34. Gary Madden, Erik Bohlin, Hajime Oniki, et al. (2013). Potential demand for m-government services in Japan. Applied Economics Letters, 20 (8): 732-736.

35. Zissis D, Lekkas D (2011). Securing e-Government and e-Voting with an open cloud computing architecture. *Government Information Quarterly*, 28 (2): 239-251.

36. Stough R, Mcbride D (2014). Big Data and U.S. Public Policy. Review of Policy Research, 31 (4): 339-342.

37. Brendan Galbraith, Brian Cleland, Suzanne Martin, et al. (2013). Engaging user communities with eParticipation technology: findings from a European project. Technology Analysis & Strategic Management, 25 (25): 281-294.

38. Øystein Sæbø, Flak L S, Sein M K (2011). Understanding the dynamics in e-Participation initiatives: Looking through the genre and stakeholder lenses. *Government Information Quarterly*, 28 (3): 416-425.

39. Garrett R., Jensen M (2011). E-Democracy Writ Small: The Impact of the Internet on Citizen access to Local Elected Officials. *Information Com-*

munication & Society, 14 (2): 177 -197.

40. Åström J, Karlsson M, Linde J, et al. (2012). Understanding the rise of e - participation in non - democracies: Domestic and international factors. *Government Information Quarterly*, 29 (29): 142 -150.

41. Moon M J, Norris D F (2005). Does managerial orientation matter? The adoption of reinventing government and e - government at the municipal level. *Information Systems Journal*, 15 (1): 43 -60.

42. Gupta B, Dasgupta S, Gupta A (2008). Adoption of ICT in a government organization in a developing country: An empirical study. *Journal of Strategic Information Systems*, 17 (2): 140 -154.

43. Alawneh A, Al - Refai H, Batiha K (2013). Measuring user satisfaction from e - Government services: Lessons from Jordan. *Government Information Quarterly*, 30 (3): 277 -288.

44. Horst M, Kuttschreuter M, Gutteling J M (2007). Perceived usefulness, personal experiences, risk perception and trust as determinants of adoption of e - government services in The Netherlands. *Computers in Human Behavior*, 23 (4): 1838 -1852.

45. Lai L T, Rieck O (2005). Adoption of electronic government services among business organizations in Singapore. *Journal of Strategic Information Systems*, 14 (4): 417 -440.

第 5 章　政府信任的概念测量、影响因素与提升策略

政府无信，则权威不立（习近平，2007）。提升公众的政府信任是公共管理研究的重要议题，也是公共管理实践的不懈追求。政府信任是"政治支持"的组成部分，是政治合法性和政策有效性的重要基础，对政府管理、经济发展和社会稳定具有重要意义。政府信任下降，损害政治合法性，增加政府管理成本，妨害政策有效执行，甚至造成社会不稳定和政权危机。因此，如何有效构建和维持公众的政府信任是需要公共管理学者和实践者不断探索、予以回答的时代课题。本章在厘清政府信任概念，总结归纳政府信任的不同测量方式的基础上，深入探讨影响公众政府信任的相关因素，包括社会人口属性、政治、政府、经济、社会和文化六个方面。然后基于影响因素和国情实际，提出改善和提升政府信任的基本策略，主要包括：深化政府改革，提高公众满意度；改进政府绩效，提高行政效率；改善政府形象，打击官员腐败；积累社会资本，提高社会信任。

5.1 政府信任的概念与测量

5.1.1 政府信任的概念

信任属于道德和社会心理学范畴,是具有多个维度的复杂概念,同时包括人际和制度两个层面的认知、情感和行为因素(Thomas,1998)。关于政府信任的研究中,学术界主要有政府信任和政治信任两个相近的概念,厘清二者之间的关系是进一步研究的基础。

一种观点认为,政府信任属于政治信任,是政治信任的内容之一。按照这种观点,政府信任就是指公众对具体政府机关的信任,即对政府政策、行为与产出的信赖情况,要求政府施政理念与行为要符合公共利益(Hetherington,1998)。而政治信任与政治合法性和政治支持度相联系(钟杨、王奎明,2015),政治信任包含多个维度,政府信任是其中的维度之一。例如,李连江认为,政治信任包含两个维度:政府信任,即对现任政府以及在任权威的信任;政体或政制信任,即对政府体制和政治制度的信心(李连江,2012)。诺里斯按照伊斯顿的思想将政治系统分为政治共同体、体制和当局的方式,认为政治信任包含政治共同体的信任,即公众对国家的最高层面的信任;体制的信任,即对一国政治制度的信任;当局的信任,即对政治行为主体(政府)的信任(Norris,1999)。

另一种观点认为政府信任就是政治信任。按照这种观点,政府信任是指公众对政府或政治系统的行为和结果与其所期望相符的信心和信念。因此,政府信任是公众与政府之间的一种互动关系,如果公众对政府精英制定政策感到满意,那么政府信任将会产生(Citrin,1974)。从这一角度看,政府是政治体制的具体承载,公众对政治体制的信任在很大程度上表现为对政府的信任。为了避免混淆,尽量综合两类研究成果,本章采用"政府信任即政治信任"的观点。因此,政府信任是指公众与政府互动过程中,对政治制度与政府行为的一种心理预期。

5.1.2 政府信任的测量

政府信任与公众满意度、政治支持等其他态度的区别是理论上和实证上的难题,政府信任的测量在公民意见和政治态度的调查研究中不断完善(Levi & Stoker,2000)。虽然关于政府信任的测量方式不尽相同,但综合来看主要有两种方式:直接通过公众对政府持肯定或否定态度测量;间接通过其他态度(如对政府工作的满意度)测量(刘米娜、杜俊荣,2013)。不同的测量方式对于解释政府信任的影响因素有显著的不同,通过中国澳门居民调查数据的研究发现,直接测量更倾向于社会化模型的解释,而间接测量则更倾向于政府绩效的解释(熊美娟,2014)。

直接测量是通过直接询问受访者是否信任政府来测量,通常要求受访者借助李克特量表对政府信任度做出直接评价。直接测量方式体现了受访者对政府信任相对直接稳定的心理反应,在相关研究中使用非常广泛。例如,有研究直接要求受访者对中央政府、省委省政府、市委市政府、县委县政府、乡党委乡政府的信任程度进行评价(胡荣,2007),直接询问受访者对警察的信任程度(Sun et al.,2012)等。在国外调查研究中,欧洲价值研究(European Value Study)也采用直接测量的方式。例如,在2008年的调查中,直接询问受访者对政府、欧盟、国会等机构的信心如何。

间接测量是通过询问受访者对政府行为、政策、信息等方面的满意度或信心如何,间接反映受访者对政府的信任程度。为保证调查研究的可靠性,间接测量一般采用多个维度的方式,即考虑政府信任的结构问题,以对政府信任做出系统性判断。例如,加里森主张通过现任权威、政治制度、公共哲学和政治社群四个维度测量(Garrison,1968),诺里斯认为可以通过政治共同体、政体原则、政体绩效、政体机构以及政治行动者五个方面测量(Norris,1999)。许多国外著名的政府信任调查,例如美国国家选举研究、世界价值观调查、瑞典社会、意见和媒体学会调查等,也都采用多条目的形式进行政府信任的测量。

5.2 政府信任的影响因素

关于政府信任来源的观点主要有文化解释和制度解释两种,前者认为政府信任外生于政治领域,是文化习俗和早期社会化的结果,后者认为政府信任内生于政治系统,是对机构绩效感到的期望效用(Mishler & Rose,2001)。几乎所有的研究都认为影响政府信任的因素众多、相互联系并且十分复杂,除了性别、年龄、经济收入、教育背景等社会人口属性外,政治社会环境、制度安排、公众满意度等都是重要的影响因素。尽管不同国家的政治社会文化存在较大差异,影响政府信任的因素也不尽相同,但综合来看,影响政府信任的因素主要有社会人口属性、政治、政府、经济、社会、文化六个方面。

5.2.1 社会人口属性

社会人口属性对政府信任有重要影响,因为它们能够反映家庭、同龄群体、世代、社会阶层以及政治身份等因素对政治社会化进程的影响(陈捷,2001),而政治社会化进程会进一步对政府信任产生持续性影响。

在政府信任影响因素的实证研究中,通常会先检验社会人口属性的影响。例如,胡荣基于2003—2005年福建省、浙江省以及其他省市的调查研究发现,控制其他变量后,年龄、教育程度和党员的影响不再具有统计显著性,但家庭经济收入越高的公众,对基层政府的信任也越高,同时对高层政府信任的影响不具有显著性。钟杨和王奎明(2015)基于2013年"中国城市居民价值观"调查数据的实证分析发现,性别和收入对政府信任的影响不具有显著性;年龄和学历对政府信任具有负向影响;党员身份对政府信任有正向影响。胡荣等人(2011)基于2008年厦门市调查的实证分析发现,性别、教育、年龄和家庭收入对政府信任的影响均不具有显著性。赫瑟林顿基于1996年美国国家选举调查的实证分析发现,性别对政府信任的影响不具有显著性;年龄、教育程度和收入对政府信任度都具有负向影响(Hetherington,1998)。陈捷(2011)基于1995年、1997年和1999年三次在北京的问卷调查进行实证分析发现,受访者年龄对政体支持有正向影响;女性受访者的政治支持度比男性低;受教育程度对现行政体的支持度有负向影响;中共党员更倾向于支持现政体。李连江(2008)基于2003—2005年福建、浙江等地调查数据的实证分析也发现,性别、年龄、教育程度和收入对政府信任的影响均不具有显著性。

综上可知,性别、年龄、收入、教育程度等社会人口属性因素对政府信任有不同程度的影响,由于调查样本和研究设计的不同,社会人口属性因素对政府信任的影响效果存在较大差异,并且通常将社会人口属性因素作为控制变量放入研究模型之后,其显著性会大大减弱。此外,教育程度一直是政府信任来源研究的重点,阿尔蒙德和维伯认为,教育程度对公众的政治取向和政治态度的影响最为重要,教育差异是导致信任差异的主要因素之一（Almond & Verba，1963），高学历者倾向于通过对政治进行理性评价建立政府信任，低学历者更多地通过一般性的无差异化的社会态度建立政府信任（Elsas，2015）。

5.2.2 政治因素

政府信任的首要来源是政治因素，例如较高的政治信任能够增强政府施政能力和信任度，而政治态度、政治事件和政治期望也会对政府信任产生重要影响（Miller，1974）。具体而言，影响政府信任的政治因素主要有公民的政治态度、政治互动、政治腐败与不诚信、政治合法性等。

政府信任是公民的一种相对理性的心理和认知，因而深受政治态度的影响，例如个人对政治议题的主观认知和兴趣、政治效能和国家自豪感等都会影响政府信任（Back & Kestila，2009）。政治态度可以分为高政治取向和低政治取向两种。其中，高政治取向是指公众对高政治议题或原则的态度，包括公众的民主价值、主要的政治社会问题、与政治相关的抽象理念和话语、爱国主义情感等；低政治取向是指公众对低政治问题的态度，即直接事关公众日常生活、集体事务和工作条件等方面的因素（陈捷，2011）。

在政治互动方面，公共参与对政府信任有重要影响。公共参与对政府信任的影响主要是通过共识建立、道德行为、责任性实践、服务能力和管理能力五个中介因素来实现的（Wang & Wart，2007）。公共参与是政治信任重建的重要方式，参与度较高的公众对政府的信任度更高。良好的政治互动也有助于加强政府与公众之间的沟通与协作，从而促进政府信任（高勇，2014），例如，我国的村民选举与村民自治、城市居民的政治参与和意见表达等，但是不良的政治互动则会损害政府信任。

政治诚实与伦理也是影响政府信任的重要因素。首先，不诚信与政治丑闻除了会影响公众对政治家和政府领导者的信任度外，还会严重损害公众对政治制度和政府过程的态度（Orren，1997）。美国公众不信任政府的原因就包括特殊利益集团影响力太大，政治家不诚实，缺少正直（Nye，1997）。其次，腐败会严重影响公众对政府的态度，在腐败程度较高的国家，公众对政治系统的绩效评价会更加消极，高度腐败直接导致政府信任大幅下降，而反腐败则有助于提高公众的政府信任度（Anderson，2003）。尤其是新建立的民主国家，腐败严重威胁着政府信任，例如，腐败会破坏制度效率，而这对于获取公众支持十分重要（Seligson，2002）。

在政治合法性上，政府信任与政治制度和政治运作状况相互关联。公众对政体及其运作感到不满，是当前危及民主国家公众政府信任的重要因素之一。例如，美国公众常对政策滞塞以及政治程序中因微琐事而争吵不休感到不满，当不满产生的时候，并不是因为政权做了什么，而是政权已不值得信任（Easton，1975）。公众并不在意对公共官员负面评价的原因，但这可能对政治系统产生持续的负面影响。更有研究认为，公众信任下降与政府制度有关，由于与政治合法性相关联，要解决此种信任危机较为困难（Williams，1985）。

5.2.3 政府因素

从政府自身的角度看，政府信任的影响因素主要有政府绩效、政策管理、政府透明度等。在早期的研究中，学者们主要通过政府绩效来解释政府信任的变动趋势，认为政府信任的建立依赖于民选官员和行政领导的工作绩效，当公众感到其工作能力有限、工作业绩不高时，公众的政府信任将会下降（Mitchell，1987）。政府绩效是影响信任的关键指标，塑造公众的信任态度，较低的政府绩效是政府信任下降的一个重要原因，而改善政府服务质量和公共服务绩效能够提高公众满意度，进而提高政府信任。在美国，对联邦机构满意度较高的公众对该机构的未来业绩更有信心，并对联邦政府整体信任度也更高（Morgeson & Petrescu，2011）。对于发展中国家而言，提高政府绩效更是获取公众信任的主要方式。较高的绩效表现也是我国政治合法性和政府信任的重要来源（杨宏星、赵鼎新，2013），甚至比社会信任的作用更加明显。

也有研究认为，政府信任与政府的政策管理能力有关，公共政策公信力是构建政府信任的重要维度（宁国良、罗立，2012）。当公众对政府为解决不断变化的社会问题而制定的公共政策感到不满时，政府信任就会下降（Miller，1974）。从提高政府信任的角度看，政策管理的一个重要原则是政策制定与执行要符合公众利益。当公众认为，公共政策符合其利益，对公共政策的满意度较高时，会更加倾向于信任政府，如果感到公共政策是代表特殊利益集团或政府自身的利益时，政府信任危机就会产生（Hetherington，1998）。

完善信息公开、提高政府透明度是转变政府管理方式和保障公众知情权的重要举措，是提高公众参与积极性，促进官民互动，改善政府信任的有效方式之一（Kim & Kim，2007）。政府信息公开的内容、渠道和效果对政府信任有着积极的促进作用，因此，建设透明政府、提高政治透明度能够积极有效地提高政府信任（缪婷婷、宋典，2015）。在我国，大力推行政府信息公开、提高政府透明度已被证明能够有效地改善公众的政府信任（于文轩，2013）。当前，新的研究趋势是将电子政府作为提高政府透明度、加强官民交流、提高政府信任的新的技术战略（Tolbert & Mossberger，2006）。

5.2.4 经济因素

影响政府信任的经济因素主要有经济发展水平、收入公平性、就业率等。经济发展会影响公众对民主制度的信心，成功的经济发展有助于提升公众对政府的信任度，而失败的经济绩效将会严重瓦解公众的制度信任。

经济增长停滞、收入不平等加剧、失业率增加都会极大地降低公众对政府的信任。例如，美国的经济发展成果会影响对总统工作绩效的评价，进一步影响对政府信心的感知（Citrin & Green，1986）。在我国，对市场失灵的成功干预有助于提高政府信任，而失败的干预则会降低政府信任（陈思霞、卢盛峰，2017）。公众对于政府在经济增长、民生福利和纯公共物品领域的治理绩效的积极评价都有助于政府信任的改善（孟天广、杨明，2012）。虽然经济发展水平的提高能够增强公众对政府的信任，但收入不平等的扩大会加剧公众对政府的不信任感，当存在较高水平的生存安全时，就会减少公众听从权威的倾向（Inglehart，1997）。例如，在韩国，公众对收入不平等和机会不平等的感知对政府信任具有侵蚀作用（Chi et al.，2013）。

虽然普遍认为经济表现对公众的政府信任度有重要影响，但公众对经济绩效的评价往往与其期望值有关，例如，美国公众对政府的满意度与其预期的国民经济状况紧密相关（Mansbridge，1997）。因此，经济因素对政府信任的影响变动较大，更有研究认为，经济绩效对政府信任的影响是次要的（Hetherington，1998）。奥伦也认为经济绩效对政府信任的影响不是最重要的方面，与政治丑闻、社会动乱等因素相比，经济增长、通货膨胀和失业率并不与政府信任紧密相关（Orren，1997）。

5.2.5 社会因素

影响政府信任的社会因素主要是社会资本。政府信任与社会信任之间紧密相关，社会资本是影响政府信任的重要变量。社会资本对政府信任的影响主要来自两个方面：由自治组织等社团组织建立起来的社会网络和公民之间的互惠规范与信任（胡荣，2011）。

从社会网络的角度看，个人通过与亲朋、邻里、同事等建立社会关系，同时参与到社区、宗教和志愿等活动中，学习共处技能和社会规范，从而促进信任的形成，因此，社会网络同样有助于政治参与和政府信任的提升（帕特南，2015）。另一方面，政府信任是个人对他人信任的函数（Lane，1959）。人际信任也是影响政府信任的重要因素，那些对别人具有较高信任的人往往表现出政治方面的信任。但也有研究认为，人际信任与政府信任完全是两回事，公众并不清楚自己是否信任政府，因为政府工作非常复杂，公众无法对政府制度和结构进行良好理解。因此，公众的观点和期待并不能影响政府信任（Hardin，2003）。

社会资本具有联结、规范和信任的作用，通过社会资本建立起来的人际信任具有"溢出"效应，会促进对公共机构的信任，因此，政府信任在一定程度上是社会信任的结果（帕特南，2015）。在我国，无论是实质性社会资本（互助行为）还是形式社会资本（开放的社会网络）都会对城市居民的政府信任产生正向影响（刘米娜、杜俊荣，2013）。但是，并不是所有的社会资本都有利于政府信任的提高，不同类型的社会资本对政府信任的影响可能完全相反。有研究认为，紧密型社会资本（Bonding Social Capital）对政府信任水平有负向影响，跨越型社会资本（Bridging Social Capital）对政府信任水平有正向影响（Myeong & Seo，2016）。紧密型社会资本的不利影响在国内研究中也得到了证实，例如，城镇居民社交聚餐的频率对政府信任会有一定的负向影响（陈云松、边燕杰，2015）。已有研究也多证实了跨越型社会资本对政府信任的积极影响，例如，公众的社会参与所产生的社会信任具有溢出效果，可以促进政府信任（刘米娜，2011）；由同学老乡会、社区居委会、志愿活动积累的社会资本有助于促进我国城市居民对警察的信任度（Sun et al. ，2012）。

5.2.6 文化因素

信任首先来源于特定文化环境中社会关系的学习，然后运用到政治生活中的国家网络。在这一意义上，政府信任是人际信任的投射，形成一种公民文化（Almond & Verba，1963）。信任文化是政府信任产生的外在来源。文化既可以通过影响政府绩效间接影响政府信任，也可以在绩效一定的情况下，通过影响公众态度直接影响政府满意度（Mansbridge，1997）。文化主义者认为物质利益（如经济增长、收入提高、绩效改善等）只能对政府信任产生短期影响，真正持续影响政府信任的是文化因素。当今，后物质主义价值观的兴起和大众教育水平的提高，使得政府机构失去了其对公众的权威，公众权威受到侵蚀，参与和自我表现不断被强调，这都使政府信任的文化根基发生变革（Inglehart，1997）。

文化理论假定公众对政治制度的信任是外生的，政府信任来源于政治领域之外的长久性的深层信念，深植于文化规范和早期社会化的交流之中，因此，政府信任是一种人际信任，它从生活领域延伸到政治领域。微观文化层面强调个人的社会化经历的差异是政府信任差异的重要原因；宏观文化层面强调国家传统的统一性，很少允许政府信任的个体差异（Mishler & Rose，2001）。在微观文化方面，不同的生活经历、教育和社会层级导致不同的政治信念、价值、态度，形成了政治文化地区间的差异（Chu，2008）。例如，尽管同属儒家文化，具体文化价值观的差别导致我国大陆与我国台湾地区在政府信任结构上有所不同（Shi，2001）。

在宏观文化层面，公民文化和行政文化的国家统一性是导致政府信任在国家间差异的重要因素。例如，由于文化差异，积极的政治参与在有些国家促进了政府信任，而在韩国则削弱了公众的政府信任（Kim & Kim，2007）。以美国为代表的西方自由主义文化鼓励和倡导公众质疑政府，而中国以儒家文化为特征的政治文化则有相反的效果。中国的政治文化对公众政府态度的影响有两个层面：一是对权力和权威的态度，传统文化将国家与公众的关系塑造为等级制；二是社会控制的自律理念，在利益冲突时，个人牺牲自己的利益维护国家的利益（Shi，2001）。这两个方面对中国政治支持和政府信任产生了深层的影响。

5.3 政府信任的提升策略

信任的产生主要有三种模式：以特征为基础的信任，即与个人特征（如家庭背景、种族）相关；以过程为基础的信任，即由重复交换而产生；以制度为基础的信任，即由正式的制度过程如专业认证、政府管制而产生（Zucker，1986）。传统上，学者们将信任概念化为公众偏好相对于结果（如政策产出或选举结果）的产物，新近的研究发现，公众更加关注过程考量，即公正、开放、回应性的政府过程更能促进政府信任（Tolbert & Mossberger，2006）。因此，以过程为基础的信任和以制度为基础的信任是改善政府信任的主要努力方向，具体包括以下几个方面。

5.3.1 深化政府改革，提高公众满意度

以制度为基础的信任是建立政府信任的主要战略，推动公共部门组织现代化是重建政府信任的重要方式（Bouckaert，2002）。一方面，维护和提高政府信任要深化行政管理体制改革，加快政府管理模式转变，推进政府治理能力现代化，营造良好的官民互动关系，不断提高公共服务能力，建设人民满意的服务型政府。西方国家主要通过新公共管理等改革运动，引入私营企业管理方式，重振政府机构活力，提高公众满意度（蔡晶晶、李德国，2006）。另一方面，通过组织变革提高管理和服务绩效，有利于提高公众满意度，进而增强政府信任（Morgeson，2014）。在西方国家，对公共服务满意度较高的公众更倾向于信任政府，改进公众对公共服务的满意度是提高公众对政府整体信任的主要驱动力（边晓慧、杨开峰，2014）。在我国，要增进政府信任评价，政府应根据宏观经济形势灵活地运用干预手段提高公众满意度，公共支出的重点应主要集中于保障城乡公共服务均等化以及优化社会收入分配机制，同时构建公开、透明的制度体系，以促进政府信任的提高（陈思霞、卢盛峰，2016）。

5.3.2 改善政府绩效，提升行政效率

依照绩效理论，改进政府绩效将带来更多的政府信任。许多研究者认为，电子政府是当前提高政府内部管理效率、公共服务供给质量以及促进公民参与的强有力的工具（Parent，2005）。因此，通过电子政府建设推动公共部门的现代化在提高政府信任的众多战略中具有核心地位，它有助于进一步改进公共服务绩效，提高行政管理效率，进而增进政府信任水平（Bouckaert，2001）。政府在内部管理、经济发展和公共

服务等方面不断提高绩效表现,能够相对快速有效地提高政府信任。例如,许多研究证实改进政府绩效是提高我国城乡居民政府信任度的最有效的方式之一。随着信息技术的发展,电子政府的应用与普及,使得改善政府管理效率和效果有了新的契机,同时,公众对电子政府满意度的提高有助于政府信任的建立(Welch et al.,2005)。当前,建立效率更高、回应性更强的电子政府已成为提高政府信任、扭转全球性政府信任危机的新的技术战略。

5.3.3 改善政府形象,打击官员腐败

作风亲民、主动回应、为官清廉的政府形象有助于提高政府信任度。一方面,当前,借助电子政府建设与发展,着力打造透明政府、参与式政府和服务型政府,提高政府回应性和互动性,改善政府形象,已经成为提高政府信任的重要方式。另一方面,打击官员腐败也有助于维护政府形象和公众信任。腐败与政府信任密切关联,腐败严重破坏了公众对政治制度和政府管理的信任,因此,严厉打击贪污腐败有助于重新获取公众支持,维护良好的政府形象和政府信任(Clausen,2011)。实施高压反腐方略有助于净化官场风气,遏制腐败趋势,降低公众的腐败感知,维护政府形象,从而提高政府信任(曾明、章辉腾,2016)。加强腐败治理是中、日、韩三国提升制度信任的共同战略,并在实践中发挥了显著的积极作用(Kim & Voorhees,2011)。此外,新时期要充分运用电子政府和现代信息技术加强勤政廉政建设,有效发挥电子透明、技术监督的作用,提高政府信任。

5.3.4 积累社会资本,提高社会信任

虽然社会资本和社会信任不像政府绩效等短期因素那样能够较快地

改善政府信任，但广泛积累社会资本，提高社会信任能够对政府信任产生长期积极的影响，尤其是可以发挥跨越型社会资本对提升政府信任的积极作用（Myeong & Seo，2016）。第三次亚洲民主动态调查的实证研究发现，通过社会组织的志愿活动发展社会资本，能够促进公众的政治参与，进而有助于政府信任的提高（Huang et al.，2016）。在我国，农村居民的社会信任和正式的社团参与都有助于农村社会资本的积累，并且对基层政府信任的提高有积极影响。可见，在转型期的中国，应该着力提高农村居民的社会资本积累以利于提高政府信任（胡荣、池上新，2016）。社会资本的积累同样对我国城市居民的政府信任有积极正面的影响。在创建城市社会资本过程中，依托开放型社会网络和社区平台，树立互惠互利的道德规范，培育互助文化和合作精神，有助于创建政治资本，从而提高整个社会的政府信任（刘米娜、杜俊荣，2013）。

5.4 结论

政府信任是政治合法性的重要基础，也是现代政府实现有效治理的前提条件，构建和维持相当程度的公众信任是政府在公共管理实践中必须予以重视的议题。化解信任危机、重建政府信任需要明确政府信任的相关影响因素。然而，政府信任作为一种理性化的政治态度，受到复杂多元因素的相互影响。综合目前的研究成果来看，政府信任至少受到社会人口属性、政治、政府、经济、社会和文化等因素的显著影响。由于影响因素和社会环境的不同，政府信任在国家、地区、政府层级之间表现出明显的差异性。因此，重建政府信任需要认真分析不同环境下的影响因素。但总体来看，提高政府信任的基本策略至少包括深化政府改革和提高公众满意度、改进政府绩效和提高行政效率、改善政府形象和遏制官员腐败、积累社会资本和社会信任等方面。

值得注意的是，除了这些传统的改善政府信任的策略外，信息技术和互联网时代带来的治理变革正迅速而深远地影响政府信任的构建过程。电子政府作为新的技术战略，有助于改善政府绩效、促进官民互动、提高政府透明度，这都有效地促进了公众对政府信任的提高。目前，电子政府对政府信任的改善和提高作用已经得到国外研究者的重视，国内也有少数学者予以关注。在未来研究中，需要进一步检验电子政府对政府信任的提升作用，同时对其作用机制进行进一步的深入探讨，这将是政府信任研究重要的知识增长点，也对提高公众的政府信任具有重要的现实意义。

参考文献

1. 边晓慧、杨开峰（2014）．西方公共服务绩效与政府信任关系之研究及启示．北京行政学院学报，5．

2. 蔡晶晶、李德国（2006）．当代西方政府信任危机透析．公共管理学报，4．

3. 陈捷（2011）．中国民众政治支持的测量与分析．广州：中山大学出版社．

4. 陈思霞、卢盛峰（2016）．政府干预如何影响政府信任评价：来自中国的微观经验．经济社会体制比较，1．

5. 陈云松、边燕杰（2015）．饮食社交对政治信任的侵蚀及差异分析：关系资本的"副作用"．社会，1．

6. 高勇（2014）．参与行为与政府信任的关系模式研究．社会学研究，5．

7. 胡荣（2007）. 农民上访与政治信任的流失. 社会学研究, 3.

8. 胡荣、胡康、温莹莹（2011）. 社会资本、政府绩效与城市居民对政府的信任. 社会学研究, 1.

9. 胡荣、池上新（2016）. 社会资本、政府绩效与农村居民的政府信任. 中共天津市委党校学报, 2.

10. 李连江（2012）. 差序政府信任. 二十一世纪, 6.

11. 刘米娜、杜俊荣（2013）. 转型期中国城市居民政府信任研究——基于社会资本视角的实证分析. 公共管理学报, 2.

12. 刘米娜（2011）. 公民文化视野下的政府信任研究. 上海行政学院学报, 1.

13. 缪婷婷、宋典（2015）. 政府透明能获得政府信任吗？——基于公众知晓的中介效应研究. 人才资源开发, 5.

14. 罗伯特·D. 帕特南（2015）. 使民主运转起来：现代意大利的公民传统. 北京：中国人民大学出版社, 216-227.

15. 孟天广、杨明（2012）. 转型期中国县级政府的客观治理绩效与政治信任——从"经济增长合法性"到"公共产品合法性". 经济社会体制比较, 4.

16. 宁国良、罗立（2012）. 公共政策公信力：构建政府信任的重要维度. 政治学研究, 6.

17. 习近平（2007）. 之江新语, 杭州：浙江人民出版社, 18.

18. 熊美娟（2014）. 政治信任测量的比较与分析——以澳门为研究对象. 公共管理学报, 1.

19. 杨宏星、赵鼎新（2013）. 绩效合法性与中国经济奇迹. 学海, 3.

20. 于文轩（2013）. 政府透明度与政治信任：基于2011中国城市服务

型政府调查的分析. 中国行政管理, 2.

22. 曾明、章辉腾 (2016). 官员作风、反腐努力与政府信任：大学生的视角. 湘潭大学学报（哲学社会科学版）, 2.

22. 钟杨、王奎明 (2015). 关于民众对中央政府信任度的多维度分析. 政治学研究, 6.

23. Almond, G. A. & Verba, S. (1963). The Civic Culture: Political Attitudes and Democracy in Five Nations. Princeton: Princeton University Press.

24. Anderson, C. J. & Tverdova, Y. V. (2003). Corruption, Political Allegiances, and Attitudes toward Government in Contemporary Democracies, American Journal of Political Science, 47 (1): 91 -109.

25. Back, M. & Kestila, E. (2009). Social Capital and Political Trust in Finland: An Individual - level Assessment, ScandinavianPolitical Studies, 32 (2): 171 -194.

26. Bouckaert, G., Van de Walle, S., Maddens, B. & Kampen, J. K. (2002). Identity vs Performance: An Overview of Theories Explaining Trust in Government, Second Report. Leuven: Public Management Institute.

27. Bouckaert, G., Walle, S V D & Bouckaert, P. D. G. (2001). Government Performance and Trust in Government, General Information, 2001, (spring): 1 -21.

28. Chi, E., Rhee, Y. & Kwon, H. Y. (2013). Inequality and Political Trust in Korea, Korea Observer, 44 (2): 199 -222.

29. Chu, Y., Diamond, L., Nathan, A. J. & Shin, D. C. (2008). Comparative Perspectives on Democratic Legitimacy in East Asia, In Chu, Y., Diamond, L., Nathan, A. J., et al. (Ed.). How East Asians View Democ-

racy. New York: Columbia University Press.

30. Citrin, J. (1974). "Comment: The Political Relevance of Trust in Government", American Political Science Review, 68 (3): 973 -988.

31. Citrin, J. & Green, D. P. (1986). Presidential Leadership and the Resurgence of Trust in Government, British journal of political science, 16 (4): 431 -453.

32. Clausen, B., Kraay, A. & Nyiri, Z. (2011). Corruption and Confidence in Public Institutions: Evidence from a Global Survey, The World Bank Economic Review, 25 (2): 212 -249.

33. Easton, D. (1975). A Re - Assessment of the Concept of Political Support, British Journal of Political Science, 5 (4): 435 -457.

34. Garrison, W. A. (1968). Power and Discontent. Homewood, IL: Dorsey Press.

35. Hardin, R. (2003). Trust in Government, In Braithwaite, V., Levi M. (Ed). Trust and Governance. New York: Russell Sage Foundation.

36. Hetherington, M. J (1998). The Political Relevance of Political Trust, American Political Science Review, 92 (4): 791 -808.

37. Huang, M., Whang, T. & Lei, X. (2016). The Internet, Social Capital, and Civic Engagement in Asia, Social Indicators Research, 1 -20.

38. Inglehart, R. (1997). Postmaterialist Values and the Erosion of Institutional Authority, In Nye, J. S., Zelikow, P. D. & King, D. C. (Ed.). Why People Don't Trust Government. Cambridge, Ma: Harvard University Press.

39. Kim, B. S. & Kim, J. H. (2007). Increasing Trust in Government through More Participatory and Transparent Government, Presidential Commit-

tee on Government Innovation & Decentralization, Republic of Korea.

40. Kim, M. & Voorhees, M. (2011). Government Effectiveness and Institutional Trust in Japan, South Korea, and China, Asian Politics & Policy, 3 (3): 413 -432.

41. Lane, R. E. (1959). Political Life: Why People Get Involved in Politics. Glencoe, ILL: The Free Press.

42. Levi, M. & Stoker, L. (2000). Political Trust and Trustworthiness, Annual Review of Political Science, 3 (1): 475 -507.

43. Li, L. J. (2008). Political Trust and Petitioning in the Chinese Countryside, Comparative Politics, 40 (2): 209.

44. Mansbridge, J. (1997). Social and Cultural Causes of Dissatisfaction, In Nye, J. S., Zelikow, P. D. & King, D. C. (Ed). Why People Don't Trust Government. Cambridge, Ma: Harvard University Press.

45. Mishler, W. & Rose, R. (2001). Leadership Failures, the Distrusting Public, and Prospects of the Administrative State, Comparative Political Studies, 34 (1): 30 -62.

46. Miller, A. H. (1974). Political issues and trust in government: 1964 -1970, American Political Science Review, 68 (3): 951 -972.

47. Mitchell, T. R. & Scott, W. G. (1987). Leadership Failures, the Distrusting Public, and Prospects of the Administrative State, Public Administration Review, 47 (6): 445 -452.

48. Morgeson, F. V. & Petrescu, C. (2011). Do They all Perform Alike? An Examination of Perceived Performance, Citizen Satisfaction and Trust with US Federal Agencies, International Review of Administrative Sciences, 77 (3): 451 -479.

49. Morgeson, F. (2014). Citizen Satisfaction: Improving Government Performance, Efficiency, and Citizen Trust. Springer.

50. Myeong, S. & Seo, H. (2016). Which Type of Social Capital Matters for Building Trust in Government? Looking for a New Type of Social Capital in the Governance Era, Sustainability, 8 (4): 322.

51. Norris, P. (1999). Introduction: The Growth of Critical Citizens?, In Norris, P. (Eds.). Critical citizens: Global support for democratic government. OUP Oxford.

52. Nye, J. S. (1997). Introduction: The Decline of Confidence in Government, In Nye, J. S., Zelikow, P. D. & King, D. C. (Ed.). Why People Don't Trust Government. Cambridge, Ma: Harvard University Press.

53. Orren, G. (1997). Fall from Grace: The Public's Loss of Faith, In Nye, J. S., Zelikow, P. D. & King, D. C. (Ed.). Why People Don't Trust Government. Cambridge, Ma: Harvard University Press.

54. Parent, M., Vandebeek, C. A. & Gemino, A. C. (2005). Building Citizen Trust through E‑Government, Government Information Quarterly, 22 (4): 720 −736.

55. Seligson, M. A. (2002). The Impact of Corruption on Regime Legitimacy: A Comparative Study of Four Latin American Countries, Journal of Politics, 64 (2): 408 −433.

56. Shi, T. (2001). Cultural Values and Political Trust: A Comparison of the People's Republic of China and Taiwan, Comparative Politics, 33 (4): 401 −419.

57. Sun, I., Hu, R. & Wu, Y. N. (2012). Social Capital, Political Participation, and Trust in the Police in Urban China, Australian and New Zea-

land Journal of Criminology, 45 (1): 87 -105.

58. Thomas, C. W. (1998). Maintaining and Restoring Public Trust in Government Agencies and Their Employees, Administration & society, 30 (2): 166 -193.

59. Tolbert, C. J. & Mossberger, K. (2006). The Effects of E - Government on Trust and Confidence in Government, Public Administration Review, 66 (3): 354 -369.

60. Wang, X. &Wart, M. W. (2007). When Public Participation in Administration Leads to Trust: An Empirical Assessment of Managers' Perceptions, Public Administration Review, 67 (2): 265 -278.

61. Welch, E. W., Hinnant, C. C. & Moon, M. J. (2005). Linking Citizen Satisfaction with E - Government and Trust in Government, Journal of Public Administration Research and Theory, 15 (3): 371 -391.

62. Williams, J. T. (1985). Systemic Influences on Political Trust: The Importance of Perceived Institutional Performance, Political Methodology, 125 -142.

63. van Elsas, E. (2015). Political Trust as a Rational Attitude: A Comparison of the Nature of Political Trust across DifferentLevels of Educatio, Political Studies, 63 (5): 1158 -1178.

64. Zucker, L. G. (1986). Production of Trust: Institutional Sources of Economic Structure, 1840 - 1920, Research in organizational behavior, 8: 53 -111.

第 6 章 使用电子政务是否能够提高公众的政府信任

在互联网时代,电子政务与公众的政府信任之间的关系问题成为当前公共管理研究领域的前沿和热点议题。得益于现代信息技术的进步,电子政务得以广泛建立和快速发展,它正深刻变革着政府治理方式,改进管理和服务效率,提高信息透明度,促进官民互动,这都潜在地有助于重建公众对政府的信任。

然而,在实际运作过程中,公众对电子政务的使用是否能够改善公众的政府信任,相关已有研究并没有很好地澄清和验证。实际上,已有文献对于我们深入理解电子政务与公众信任之间的关系还有一定的距离(Morgeson et al., 2011)。本章正是针对电子政务与政府信任之间的影响关系尚未完全清晰,并且基于中国调查样本的实证检验相对较少的情况,通过对上海、深圳、天津、武汉、长沙、重庆、成都和沈阳共 8 个城市的公众进行问卷调查,以期在中国情境下进一步分析电子政务的使用程度和使用满意度对公众的政府信任的影响。需要指出的是,本章的研究中所指的电子政务是基于政府网站的电子政务,不包括移动电子政务。

本章的结构安排如下:首先是文献回顾与研究假设,对政府信任、电子政务以及二者之间的关系进行简要回顾和评述,并在理论梳理的基础上提出相关研究假设;然后是研究设计,介绍数据收集和样本情况,相关变量测量与操作,以及数据分析方法;之后是实证分析结果,分别对电子政务的使用程度、使用满意度与政府信任进行方差分析和回归分析,以验证研究假设;最后,总结研究结论并对未来研究进行了展望。

6.1 文献回顾与研究假设

6.1.1 文献回顾

信任属于道德和社会心理学范畴,是具有多个维度的复杂概念,同时包括人际和制度两个层面的认知、情感和行为因素(Thomas,1998)。政府信任与政治信任的概念相关联,一种观点认为政治信任即政府信任,政府是政治体制的具体承载,公众对政治体制的信任在很大程度上表现为对政府的信任;另一种观点认为政府信任属于政治信任,是政治信任的内容之一。但综合来看,政府信任的概念可以界定为公众对政府或政治系统的行为和结果与期望相符的信心和信念(Citrin,1974;Miller,1974;Hetherington,1998;胡荣等,2011)。尽管不同国家的政治社会文化存在较大差异,影响政府信任的因素也不尽相同,但一般认为政府信任的来源有文化解释和制度解释两种。前者认为政府信任外生于政治领域,是文化习俗和早期社会化的结果,后者认为政府信任内生于政治系统,是对机构绩效感到的期望效用(Mishler & Rose,2001)。在互联网时代,联合国、欧盟和英国都主张积极发展电子政务以改善政府透明度和公共服务,优化政府与公众的互动关系,增强公众对政府的信任度(Chadwick & May,2003)。

电子政务的建立和发展极大地改变了政府管理模式。电子政务是指借助互联网和新媒体等技术改变政府的内外部关系以改善公共服务供给、公众参与和公共治理，提高政府向公众、员工、工商业、机构提供服务的能力和效率（Carter & Bélanger，2005）。与传统管理垂直、线性、单向的结构不同，电子政务是一种非垂直、非线性、双向、7×24小时的服务系统（West，2004），而且电子政务具有潜在地提高效率、效益、透明和沟通的优势（Das et al.，2008；达雷尔·韦斯特，2010）。电子政务通过将信息沟通和公众参与电子化，提高了公共服务供给生产率和公众满意度，增强经济竞争性，带来了更高水平的参与和政府信任度（Accenture，2014）。可见，电子政务不仅改革了政府治理方式和工具，而且改变了政府与公众的公共关系和互动模式，实际上经历了一个从"公告板和服务传递到互动式民主"的发展过程（达雷尔·韦斯特，2010）。

电子政务改变了公众对政府的态度，并进一步影响了公众的政府信任度（Tolbert & Mossberger，2006）。电子政务之所以改善公众的政府信任，在于电子政务通过技术工具提高透明度、效率和效益、政策参与，扭转了公众对政府腐败、低效率、低效益和政策异化的感知（Moon，2003）。随着电子政务的建立，公众会对比政府的技术使用情况和他们的期望（Welch et al.，2005），当电子政务带来管理效率和服务质量的提高时，公众对政府的信任也会进一步提升。电子政务已经成为改善公众对政府绩效评价，提高公众政府信任的一种重要方式，研究发现使用电子政务有助于提高与公众的互动性以及回应性的感知，从而提高以制度为基础的政府信任（Tolbert & Mossberger，2006）。因此，对于许多学者和管理者来说，电子政务是一个潜在的转化媒介，可以大大提高政府服务供给和政府绩效的公众感知，并有可能扭转长期以来公众对政府信任下降的趋势（Morgeson et al. , 2011）。

公众在政治生活中所扮演的两种角色决定了电子政务的核心功能以及公众使用电子政务的主要方式，这两种角色分别是作为政府的顾客，是类似商业化的公共环境的一部分，或者是国家市场中的顾客；作为政治人，例如投票人、反对者和政治机构成员（Vigoda-Gadot & Yuval, 2003）。与这两种角色相对应，托尔伯特和莫斯伯格认为，电子政务影响政府信任的因果机制有两条（Tolbert & Mossberger, 2006），企业家途径，即通过公众使用电子政务高效地进行信息获取和事务办理，获取令人满意的公共服务；参与途径，即通过公众使用电子政务提高政府透明度，促进官民互动和政治参与。实际上，这两种途径与电子政务的功能发展相关联。随着电子政务的深入发展，其功能也由信息公开拓展到在线申办和在线参与。

综上所述，电子政务已经成为互联网时代改善和提高政府信任的新的技术战略。如果电子政务建设和发展良好，那么使用电子政务程度越高的公众越能感知电子政务在信息透明、服务绩效和互动参与方面的促进作用，也将更加认同政府在管理效率和服务质量改进方面的努力，从而改善公众的政府信任。如果公众对使用电子政务的经历和体验感到满意，那么就有助于进一步提高政府信任度。本章也是沿着这一思路进行电子政务的公众使用程度、使用满意度对政府信任的影响研究的。

6.1.2 研究假设

政府与公众信任关系的建立取决于公共部门提供的公共信息服务质量（周毅，2014）。政府通过透明化其信息与决策过程，增强其对公民的责任，而更大的透明性和责任性又能减少腐败，从而提高政府的信任度（孙国锋、苏竣，2001）。电子政务的建立改进了信息发布系统，通过强制性的信息交换和消除实践中信息保留及存储的障碍，提高了政府与公众之间信息交换的数量和质量，进而提高政府透明度（Kim & Kim，2007）。电子政务的深入发展为提高公共信息数量和质量，促进政府与公众之间的信息互动，最终为通过提高政府透明度、改善公众的政府信任提供了新的技术路径（Norris，2001；Chadwick & May，2003；Welch & Hinnant，2003；Tolbert & Mossberger，2006；Smith，2010；Kim & Lee，2012）。因此，信息查询功能提高了政府透明度，如果公众的使用程度越高，就越有机会感知到透明政府并提高政府信任。更进一步，如果使用者对信息查询功能感到满意，那么他们对相关信息和数据的需求就会得到较好的满足，从而提升公众对政府的信任程度。综上所述，本章提出：

假设1a：信息查询使用程度对政府信任具有显著的正向影响；

假设1b：信息查询使用满意度对政府信任具有显著的正向影响。

很多公众不向政府寻求帮助的原因在于他们有时视政府为有效率和效果的民间活动的一个障碍（达雷尔·韦斯特，2010），这种观念必然影响公众对政府的信心和信任。为了获取充足的治理资源，现代政府必须努力提高绩效以取得公众信任，打破"信任降低—资源减少—绩效感知降低—信任再降低"的恶性循环（Yang & Holzer，2006）。电子政务具有提高管理绩效、降低服务成本的潜力，电子化的政务服务帮助政府解决效率和效益问题，一个"服务更好、花费更少"的政府更容易获取政府信任（Moon，2003；Kim & Kim，2007）。此外，政务服务满意度对政府信任有重要影响，研究发现公众满意度对其所接触的办事部门以及美国政府的整体信任都具有显著的积极影响（Morgeson & Petrescu，2011）。因此，使用电子政务在线办理事务的公众，尤其是那些使用在线办理后感到满意的公众，会体验到更加便捷有效的政务服务，同

时也了解到政府在提高行政效率和服务质量方面的努力,从而提高对政府的信任度。综上所述,本章还提出:

假设 2a:在线申办使用程度对政府信任具有显著的正向影响;

假设 2b:在线申办使用满意度对政府信任具有显著的正向影响。

重建政府信任最常用的方式是强化公众参与决策(Welch & Hinnant, 2003),政府努力为公众提供更多的机会参与政策制定和政府管理,是改进政府信任的一项重要战略(Wang, 2001; Kim, 2010)。强调公民参与有助于提高回应性和责任性等民主价值,进而提高公众的政府信任度(King et al., 1998; Fung, 2006)。伴随着电子政务的深入发展,决策和管理中的公民参与已经进入到电子化时代,电子政务不仅使公众能够更加便捷地与政府沟通,而且能够更加直接地参与政策制定和事务管理(Thomas & Streib, 2003)。电子政务为公众参与政治讨论、政策制定与表达需求提供了更为便捷化的渠道。积极使用电子政务在线参与功能的公众能及时与政府进行在线沟通,如果政府回应良好,公众的满意度较高,那么政府将获得更多的支持,从而改善公众与政府之间的信任关系。综上所述,本章还提出:

假设 3a:在线参与使用程度对政府信任具有显著的正向影响;

假设 3b:在线参与使用满意度对政府信任具有显著的正向影响。

6.2 研究设计

6.2.1 数据收集与样本分布

本章以长期在以上海、深圳、天津、武汉、长沙、重庆、成都和沈阳生活、工作和学习的居民为调研对象,由受过培训的调研员 2-3 人一组分别到政务大厅、社区活动中心、图书馆等人流密集且电子政务潜在用户较多的地方,进行随机拦截调研,调研时间为2015年5月到8月。为了保证问卷质量,调研员基本采取一对一的方式对受访者进行调研,共发放问卷3960份,回收问卷3770份,回收率为95.2%,剔除无效问卷后得到有效问卷3120份,有效问卷率为82.8%。受访者的个人基本信息如表6-1所示。整体而言,受访者的性别、职业、学历和收入等各类特征所覆盖的人群较为广泛,但年龄上以20—39岁为主,考虑到电子政务使用者主要是中青年人群,因此可以认为调查样本的年龄分布符合本章的实际情况。

表6-1 受访者的基本信息

统计项		人数	比例(%)	统计项		人数	比例(%)
性别	男	1595	51.1	学历	初中及以下	216	6.9
	女	1525	48.9		高中、中专	438	14.0
年龄	20岁以下	73	2.3		大专、本科	2017	64.6
	20-29岁	1393	44.6		研究生	449	14.4
	30-39岁	973	31.2	收入	1000元以下	449	14.4
	40-49岁	386	12.4		1001-3000元	725	23.2
	50-59岁	215	6.9		3001-5000元	970	31.1
	60岁及以上	80	2.6		5000元及以上	976	31.3
职业	政府与事业单位	791	25.4				
	其他职业	2329	74.6				

资料来源:作者自制。

6.2.2 变量测量与操作

6.2.2.1 因变量

政府信任的测量主要有直接测量和间接测量两种形式，直接测量是指通过直接询问受访者对政府的信任程度来衡量，间接测量通过询问受访者对政府行为、政策、信息等方面的满意度或信心如何，间接反映受访者对政府的信任程度。为保障调查的可靠性，本章采用四个题项对政府信任进行测量，分别是"我可以信任政府""作为与公众互动的一方，政府是可以被信赖的""我认为政府是值得信赖的""我感觉政府所做的事大多数是正确的"，并且每个题项均采用5分量表（1表示完全不同意、2表示不太同意、3表示一般、4表示比较同意、5表示完全同意）的形式进行衡量。政府信任的描述性统计如表6-2所示。

6.2.2.2 自变量

公众对电子政务使用程度和使用满意度这两项自变量均采取单一题项的形式进行直接测量，其中，信息查询通过"过去一年中，您是否使用过政府网站查询信息和下载数据"测量；在线申办通过"过去一年中，您是否使用过政府网站办理各项事务（如网站缴税、网上办证）"测量；在线参与通过"过去一年中，您是否使用过政府网站发表对公共政策的看法或参与政治讨论"测量。另外，对信息查询、在线申办和在线参与的使用程度均采用4分量表（1表示没有使用、2表示很少使用、3表示有时使用、4表示经常使用）的形式进行衡量；对信息查询、在线申办和在线参与的使用满意度也均采用4分量表（1表示非常不满意、2表示不太满意、3表示比较满意、4表示非常满意）的形式进行衡量。受访者对政府网站使用程度、使用满意度的描述性统计如表6-2所示。

6.2.2.3 控制变量

本章首选将性别、年龄、教育程度、职业、月收入列为控制变量，其中，对性别和职业分别进行虚拟变量处理，1代表男性，0代表女性；1代表政府及事业单位人员，0代表其他职业。此外，本章还将网龄和网络使用程度也作为重要的控制变量。其中，网龄通过公众的网络接触时间来测量：1表示1年以下，2表示1—5年，3表示6—10年，4表示10年及以上；网络使用程度通过公众平均每日网络使用时间来测量：1表示2小时以下，2表示2—4小时，3表示5—7小时，4表示8小时以上。

已有研究发现，政治效能感对政府信任有显著性影响，因此本章也将内外部政治效能感作为控制变量纳入回归分析中。内部政治效能通过"我对国家重大议题有足够的了解""我对政治与政府信息的了解比一般大众更加丰富""我有能力参加政治活动"三个问题测量，外部政治效能通过"一般民众对政府所作所为没有什么影响力""政府官员不会关心一般民众的想法""国家大事太复杂，一般民众无法了解"三个问题测量。内外部政治效能的测量题项也均采用5分量表（1表示完全不同意、2表示不太同意、3表示一般、4表示比较同意、5表示完全同意）衡量。内部政治效能感和外部政治效能感的描述性统计如表6-2所示。

表 6-2　　相关变量的描述性统计

变量	样本量	最小值	最大值	均值	标准差
政府信任	3120	1	5	3.607	0.887
信息查询使用程度	3120	1	4	2.584	0.863
在线申办使用程度	3120	1	4	2.373	0.968
在线参与使用程度	3120	1	4	1.604	0.769
信息查询使用满意度	2789	1	4	2.723	0.619
在线申办使用满意度	2402	1	4	2.776	0.630
在线参与使用满意度	1385	1	4	2.793	0.628
内部政治效能感	3120	1	5	3.292	0.823
外部政治效能感	3120	1	5	3.260	0.843

资料来源：作者自制。

6.2.3　数据分析方法

本研究主要采用 SPSS22.0 进行数据分析，首先对政府信任、使用程度、使用满意度和内外部政治效能等相关研究变量进行描述性统计，然后进行方差分析，比较不同使用程度、不同使用满意度群体间的政府信任差异，最后以政府信任作为因变量，分别以公众对电子政务的使用程度和使用满意度作为自变量，以人口学变量和内外部政治效能作为控制变量，进行回归分析，以检验公众对电子政务的使用程度、使用满意度对其政府信任的影响。

6.3　实证分析结果

6.3.1　电子政务使用程度、使用满意度与政府信任的差异性检验

为了比较不同电子政务使用程度的受访者对政府信任的差异，本章

分别以信息查询使用程度、在线申办使用程度和在线参与使用程度为自变量，采用 Scheffe 法进行方差分析，结果如表 6-3 所示。方差分析结果表明，在信息查询方面，不同使用程度的受访者间的政府信任存在显著性差异，进一步的两两比较检验的分析结果如表 6-4 所示。其中，经常使用的受访者比未使用的受访者的政府信任度高出 0.204，有时使用的受访者和经常使用的受访者比很少使用的受访者的政府信任分别高出 0.132 和 0.290，经常使用的受访者比有时使用的受访者的政府信任高出 0.158。在在线申办方面，不同使用程度的受访者间的政府信任存在显著性差异，进一步的两两比较检验的分析结果如表 6-5 所示。其中，经常使用的受访者比未使用的受访者的政府信任高出 0.210，经常使用的受访者比很少使用的受访者的政府信任高出 0.212。在在线参与方面，不同使用程度的受访者间的政府信任存在显著性差异，进一步的两两比较检验的分析结果如表 6-6 所示。其中，经常使用的受访者比未使用的受访者的政府信任高出 0.448，经常使用的受访者比很少使用的受访者的政府信任高出 0.422。

表 6-3　　　　不同使用程度的受访者间的政府信任差异

		样本量	均值	标准差	F	P
信息查询	未使用	331	3.589	0.965	12.189	0.000
	很少使用	1087	3.503	0.859		
	有时使用	1250	3.635	0.874		
	经常使用	452	3.793	0.893		
在线申办	未使用	718	3.560	0.928	5.995	0.000
	很少使用	899	3.558	0.882		
	有时使用	1125	3.623	0.840		
	经常使用	378	3.770	0.933		

续表

		样本量	均值	标准差	F	P
在线参与	未使用	1735	3.577	0.906	5.745	0.001
	很少使用	937	3.603	0.861		
	有时使用	398	3.670	0.850		
	经常使用	50	4.025	0.843		

资料来源：作者自制。

表6-4　不同信息查询使用程度的受访者间的多重比较

（I）信息查询	（J）信息查询	均值差（I-J）	标准误	显著性
未使用	很少使用	0.086	0.055	0.495
	有时使用	-0.046	0.055	0.868
	经常使用	-0.204	0.064	0.017
很少使用	未使用	-0.086	0.055	0.495
	有时使用	-0.132	0.037	0.005
	经常使用	-0.290	0.049	0.000
有时使用	未使用	0.046	0.055	0.868
	很少使用	0.132	0.037	0.005
	经常使用	-0.158	0.048	0.014
经常使用	未使用	0.204	0.064	0.017
	很少使用	0.290	0.049	0.000
	有时使用	0.158	0.048	0.014

资料来源：作者自制。

表6-5　不同在线申办使用程度的受访者间的多重比较

（I）在线申办	（J）在线申办	均值差（I-J）	标准误	显著性
未使用	很少使用	0.003	0.044	1.000
	有时使用	-0.062	0.042	0.535
	经常使用	-0.210	0.056	0.003

续表

（I）在线申办	（J）在线申办	均值差（I-J）	标准误	显著性
很少使用	未使用	-0.003	0.044	1.000
很少使用	有时使用	-0.065	0.040	0.439
很少使用	经常使用	-0.212	0.054	0.002
有时使用	未使用	0.062	0.042	0.535
有时使用	很少使用	0.065	0.040	0.439
有时使用	经常使用	-0.147	0.053	0.050
经常使用	未使用	0.210	0.056	0.003
经常使用	很少使用	0.212	0.054	0.002
经常使用	有时使用	0.147	0.053	0.050

资料来源：作者自制。

表 6-6　不同在线参与使用程度的受访者间的多重比较

（I）在线参与	（J）在线参与	均值差（I-J）	标准误	显著性
未使用	很少使用	-0.026	0.036	0.915
未使用	有时使用	-0.119	0.049	0.117
未使用	经常使用	-0.448	0.127	0.006
很少使用	未使用	0.026	0.036	0.915
很少使用	有时使用	-0.093	0.053	0.372
很少使用	经常使用	-0.422	0.128	0.013
有时使用	未使用	0.119	0.049	0.117
有时使用	很少使用	0.094	0.053	0.372
有时使用	经常使用	-0.328	0.133	0.106
经常使用	未使用	0.448	0.127	0.006
经常使用	很少使用	0.422	0.128	0.013
经常使用	有时使用	0.328	0.133	0.106

资料来源：作者自制。

为比较不同电子政务使用满意度的受访者的政府信任差异,本章又分别以信息查询满意度、在线申办满意度和在线参与满意度为自变量,采用 Scheffe 法进行方差分析,结果如表 6-7 所示。方差分析结果表明,在信息查询方面,不同满意度的受访者间的政府信任存在显著性差异,进一步的两两比较检验的分析结果如表 6-8 所示。其中,非常满意的受访者比还算满意度、不太满意和非常不满意的受访者的政府信任分别高出 0.530、0.998 和 1.427,还算满意的受访者比不太满意和非常不满意的受访者的政府信任分别高出 0.467 和 0.897,不太满意的受访者比非常不满意的受访者的政府信任高出 0.429。在在线申办方面,不同满意度的受访者间的政府信任存在显著性差异,进一步的两两比较检验的分析结果如表 6-9 所示。其中,非常满意的受访者比还算满意、不太满意和非常不满意的受访者的政府信任分别高出 0.517、0.949 和 1.392;还算满意的受访者比不太满意和非常不满意的受访者的政府信任分别高出 0.431 和 0.875;不太满意的受访者比非常不满意的受访者的政府信任高出 0.444。在在线参与方面,不同满意度的受访者间的政府信任存在显著性差异,进一步的两两比较检验的分析结果如表 6-10 所示。其中,非常满意的受访者比还算满意、不太满意和非常不满意的受访者的政府信任分别高出 0.430、0.905 和 1.233;还算满意的受访者比不太满意和非常不满意的受访者的政府信任分别高出 0.474 和 0.803。

表 6-7　　　　　　不同满意度的受访者间的政府信任差异

		样本量	均值	标准差	F	P
信息查询	非常不满意	83	2.837	1.088	118.161	0.000
	不太满意	779	3.267	0.860		
	还算满意	1755	3.734	0.798		
	非常满意	172	4.265	0.811		

续表

		样本量	均值	标准差	F	P
在线申办	非常不满意	61	2.836	1.160	97.252	0.000
	不太满意	623	3.280	0.865		
	还算满意	1511	3.711	0.794		
	非常满意	207	4.228	0.809		
在线参与	非常不满意	38	2.941	1.116	54.375	0.000
	不太满意	332	3.269	0.812		
	还算满意	894	3.743	0.804		
	非常满意	121	4.174	0.788		

资料来源：作者自制。

表6-8　　不同信息查询使用满意度的多重比较

（I）信息查询	（J）信息查询	均值差（I-J）	标准误	显著性
非常不满意	不太满意	-0.429	0.095	0.000
	还算满意	-0.897	0.093	0.000
	非常满意	-1.427	0.110	0.000
不太满意	非常不满意	0.429	0.095	0.000
	还算满意	-0.467	0.036	0.000
	非常满意	-0.998	0.070	0.000
还算满意	非常不满意	0.897	0.093	0.000
	不太满意	0.467	0.036	0.000
	非常满意	-0.530	0.066	0.000
非常满意	非常不满意	1.427	0.110	0.000
	不太满意	0.998	0.070	0.000
	还算满意	0.530	0.066	0.000

资料来源：作者自制。

表 6-9　　不同在线申办使用满意度的多重比较

(I) 在线申办	(J) 在线申办	均值差（I-J）	标准误	显著性
非常不满意	不太满意	-0.444	0.111	0.001
	还算满意	-0.875	0.108	0.000
	非常满意	-1.392	0.120	0.000
不太满意	非常不满意	0.444	0.111	0.001
	还算满意	-0.431	0.039	0.000
	非常满意	-0.949	0.066	0.000
还算满意	非常不满意	0.875	0.108	0.000
	不太满意	0.431	0.039	0.000
	非常满意	-0.517	0.061	0.000
非常满意	非常不满意	1.392	0.120	0.000
	不太满意	0.949	0.066	0.000
	还算满意	0.517	0.061	0.000

资料来源：作者自制。

表 6-10　　不同在线参与使用满意度的多重比较

(I) 在线参与	(J) 在线参与	均值差（I-J）	标准误	显著性
非常不满意	不太满意	-0.328	0.140	0.137
	还算满意	-0.803	0.135	0.000
	非常满意	-1.233	0.152	0.000
不太满意	非常不满意	0.328	0.140	0.137
	还算满意	-0.474	0.052	0.000
	非常满意	-0.905	0.087	0.000
还算满意	非常不满意	0.803	0.135	0.000
	不太满意	0.474	0.052	0.000
	非常满意	-0.430	0.079	0.000
非常满意	非常不满意	1.233	0.152	0.000
	不太满意	0.905	0.087	0.000
	还算满意	0.430	0.079	0.000

资料来源：作者自制。

6.3.2 电子政务的使用程度与政府信任

为检验电子政务的公众使用程度对公众的政府信任的影响,本章以政府信任为因变量,以信息查询使用程度、在线申办使用程度和在线参与使用程度作为自变量,以人口学变量和内外部政治效能感为控制变量,进行回归分析。模型1为基础模型,模型2在模型1的基础上加入受访者对电子政务的三种使用方式的使用程度,分析结果如表6-11所示。在人口学变量方面,无论是在模型1还是模型2中,年龄对政府信任都有显著的正向影响,即随着年龄的增长,公众的政府信任度会有所提高,男性公众的政府信任要低于女性,政府公务人员的政府信任要高于其他职业。随着月收入的增长和网龄的提高,公众的政府信任有所下降。另外,内部政治效能感对受访者的政府信任具有显著的正向影响,外部政治效能感对政府信任具有显著的负向影响。

在模型2的结果中,信息查询的使用程度对公众的政府信任的影响不具有显著性,假设1a不成立。对电子政务在线申办功能的使用程度对公众的政府信任具有显著的正向影响($\beta = 0.051$,$P < 0.01$),假设2a成立。而在线参与功能的使用程度对公众的政府信任有负向影响($\beta = -0.060$,$P < 0.001$),假设3a不成立。在线参与使用程度对公众的政府信任有负向影响,与张明新、刘伟的研究结论相一致,他们发现网上参与公共事务越频繁的公众,其政府信任水平越低(张明新、刘伟,2014)。这表明更多的使用电子政务的信息查询功能和在线参与功能无法有效提高公众的政府信任,仅有更多的使用在线申办功能才有助于改善公众的政府信任度。

表 6–11　电子政务使用程度与政府信任的回归分析

	政府信任	
	模型 1	模型 2
年龄	0.047**	0.050**
性别	−0.057***	−0.051**
职业	0.052**	0.053**
教育	−0.028	−0.033
月收入	−0.043*	−0.050**
网龄	−0.043*	−0.052**
网龄使用程度	−0.001	−0.003**
内部政治效能感	0.498***	0.502***
外部政治效能感	−0.121***	−0.122***
信息查询使用度		0.017
在线申办使用度		0.051**
在线参与使用度		−0.060***
常数项	2.514***	2.514***
R^2	0.259	0.264
ΔR^2	0.259***	0.005***
F 值	120.790***	92.719***
N	3120	

注：*$P<0.05$，**$P<0.01$，***$P<0.001$。

资料来源：作者自制。

6.3.3　电子政务的使用满意度与政府信任

为检验电子政务的使用满意度对公众的政府信任的影响，本章又以政府信任作为因变量，分别以信息查询满意度（模型 2）、在线申办满意度（模型 4）和在线参与满意度（模型 6）为自变量，以人口学变量和内外部政治效能感为控制变量，进行回归分析，分析结果如表 6–12

所示。在控制变量方面，政府公务人员的政府信任仍然要高于其他职业人员。另外，内部政治效能感依然对三类使用者的政府信任具有显著的正向影响，而外部政治效能感的影响不显著，即使分别引入自变量之后，其影响仍然显著。

模型2、模型4和模型6的分析结果表明，在电子政务的三类使用者中，信息查询满意度、在线申办满意度和在线参与满意度分别对使用者的政府信任有显著的正向影响，标准化回归系数分别为0.237（P<0.001）、0.233（P<0.001）和0.227（P<0.05）。这表明公众对使用电子政务的信息查询、在线申办和在线参与功能感到越满意，他们对政府的信任度就越高，所以假设1b、假设2b和假设3b成立。公众对电子政务的使用满意度对其政府信任有正向影响，与芮国强和宋典的研究结论相一致，他们通过实证分析发现电子政务质量越高，公众对政府服务的满意度就越高，进而提高公众的政府信任度（芮国强、宋典，2015）。就标准化回归系数大小来看，信息查询满意度对政府信任的影响最大，其次是在线申办满意度，最后是在线参与满意度。

表6–12　电子政务使用满意度与政府信任的回归分析

	政府信任					
	模型1	模型2	模型3	模型4	模型5	模型6
年龄	0.029	0.024	0.042*	0.037*	0.018	0.026
性别	−0.039*	−0.020	−0.040*	−0.012	−0.065**	−0.051*
职业	0.056**	0.054**	0.053**	0.055**	0.056*	0.062**
教育	−0.026	0.001	−0.014	−0.002	−0.055*	−0.045
月收入	−0.038*	−0.036*	−0.051**	−0.048*	−0.039	−0.029
网龄	−0.033	−0.022	−0.032	−0.019	−0.005	−0.002
网络使用程度	0.016	0.017	0.003	0.006	0.012	0.028

续表

	政府信任					
	模型1	模型2	模型3	模型4	模型5	模型6
内部政治效能感	0.513***	0.463***	0.516***	0.468***	0.554***	0.507***
外部政治效能感	-0.119***	-0.105***	-0.097***	-0.070***	-0.084***	-0.070**
信息查询满意度		0.237***				
在线申办满意度				0.233***		
在线参与满意度						0.227***
常数项	2.365***	1.435***	2.293***	1.357***	2.067***	1.193***
R^2	0.273	0.325	0.277	0.328	0.304	0.352
ΔR^2	0.273***	0.052***	0.277***	0.051***	0.304***	0.048***
F值	115.826***	133.834***	102.023***	116.765***	66.599***	74.662***
N	2789		2402		1385	

注：* $P<0.05$，** $P<0.01$，*** $P<0.001$。

资料来源：作者自制。

6.4 结论与展望

伴随着互联网时代的到来和"互联网+政务服务"的兴起，通过建设和发展电子政务以改善公众的政府信任成为新的战略选择。本章基于公众对电子政务的三种使用形式（信息查询、在线申办和在线参与），利用在上海、深圳、天津、武汉、长沙、重庆、成都和沈阳八个城市的调查数据，分析了公众对电子政务的使用程度与使用满意度对其政府信任的影响。主要结论如下：

方差分析结果表明，不同电子政务使用程度和使用满意度的公众的政府信任存在显著差异。进一步的回归分析结果表明，在电子政务的使用程度方面，在线申办的使用程度对于提升公众的政府信任有积极影响，信息查询的使用程度对政府信任的影响不显著，在线参与使用程度对政府信任存在一定的负面影响。在电子政务的使用满意度方面，使用者对信息查询、在线申办和在线参与的使用满意度都会对他们的政府信任产生积极影响，并且信息查询满意度对政府信任的影响最大，在线申办满意度的影响次之，在线参与满意度的影响最小。

本章的结论既在一定程度上证明了使用电子政务对改善公众政府信任的乐观假定，同时也反映了可能存在的一些问题。通过实证分析结果可以认为，在中国情境下，公众使用电子政务对其政府信任的提升具有一定积极影响，尤其是在提高使用满意度的情况下，对改善政府信任的作用更加显著。其中，在线申办作为当前公众使用电子政务重要的方式，对政府信任的提高作用也最为突出，这也反映出当前电子政务在在线一站式服务方面表现相对较好，有效地促进了公众对政府信任的提高。

但值得注意的是，越多地使用电子政务进行信息查询对提高使用者的政府信任并无帮助，不符合使用电子政务信息查询有助于提高政府透明度进而改善政府信任的预期。另外，电子政务在线参与功能的使用程度存在损害公众政府信任的风险，这也并不符合使用在线参与功能能够提高政府互动性和回应性，进而提高政府信任的预期。因此，随着电子政务从信息发布向参与互动更高层面的发展，当前亟待解决的问题是，改进在线申办和在线参与功能，以进一步发挥电子政务对政府信任的提升作用。

在电子政务的使用者群体中，三种使用方式的使用满意度均对政府信任具有显著的积极影响。因而，可以预见，尽管目前电子政务的建设和发展还存在诸多问题，甚至有潜在降低公众政府信任的风险，但只要坚持透明、高效和回应性的电子政务建设方向，进一步提高信息公开力度,提升电子化办事效率,积极引导和回应公众参与和需求表达,不断提高公众的使用体验和满意度,电子政务一定能够更有效地提高和重建政府信任。

尽管本章分析了电子政务的公众使用程度和使用满意度对政府信任的影响,但无法准确把握其中的影响路径和作用机理。未来研究要在对相关变量进一步细化的基础上,采用实验研究等方法进一步揭示电子政务使用与政府信任之间的因果机制。此外,随着移动互联网的快速发展,移动电子政务正日益成为公众与政府接触和互动的重要方式,未来还需要开展针对移动电子政务的相关研究。

参考文献

1. 边晓慧、杨开峰(2014). 西方公共服务绩效与政府信任关系之研究及启示. 北京行政学院学报, 5.

2. 蔡晶晶、李德国(2006). 当代西方政府信任危机透析. 公共管理学报, 4.

3. 陈捷(2011). 中国民众政治支持的测量与分析. 广州:中山大学出版社.

4. 陈思霞、卢盛峰(2016). 政府干预如何影响政府信任评价:来自中国的微观经验. 经济社会体制比较, 1.

5. 陈云松、边燕杰(2015). 饮食社交对政治信任的侵蚀及差异分析:关系资本的"副作用". 社会, 1.

6. 高勇(2014). 参与行为与政府信任的关系模式研究. 社会学研究, 5.

7. 胡荣(2007). 农民上访与政治信任的流失. 社会学研究, 3.

8. 胡荣、胡康、温莹莹（2011）．社会资本、政府绩效与城市居民对政府的信任．社会学研究，1．

9. 胡荣、池上新（2016）．社会资本、政府绩效与农村居民的政府信任．中共天津市委党校学报，2．

10. 李连江（2012）．差序政府信任．二十一世纪，6．

11. 刘米娜、杜俊荣（2013）．转型期中国城市居民政府信任研究——基于社会资本视角的实证分析．公共管理学报，2．

12. 刘米娜（2011）．公民文化视野下的政府信任研究．上海行政学院学报，1．

13. 缪婷婷、宋典（2015）．政府透明能获得政府信任吗？——基于公众知晓的中介效应研究．人才资源开发，5．

14. 罗伯特·D. 帕特南（2015）．使民主运转起来：现代意大利的公民传统．北京：中国人民大学出版社，216－227．

15. 孟天广、杨明（2012）．转型期中国县级政府的客观治理绩效与政治信任——从"经济增长合法性"到"公共产品合法性"．经济社会体制比较，4．

16. 宁国良、罗立（2012）．公共政策公信力：构建政府信任的重要维度．政治学研究，6．

17. 习近平（2007）．之江新语，杭州：浙江人民出版社，18．

18. 熊美娟（2014）．政治信任测量的比较与分析——以澳门为研究对象．公共管理学报，1．

19. 杨宏星、赵鼎新（2013）．绩效合法性与中国经济奇迹．学海，3．

20. 于文轩（2013）．政府透明度与政治信任：基于2011中国城市服务型政府调查的分析．中国行政管理，2．

21. 曾明、章辉腾（2016）．官员作风、反腐努力与政府信任：大学生的视角．湘潭大学学报（哲学社会科学版），2.

22. 钟杨、王奎明（2015）．关于民众对中央政府信任度的多维度分析．政治学研究，6.

23. Almond, G. A. & Verba, S. (1963). The Civic Culture: Political Attitudes and Democracy in Five Nations. Princeton: Princeton University Press.

24. Anderson, C. J. & Tverdova, Y. V. (2003). Corruption, Political Allegiances, and Attitudes toward Government in Contemporary Democracies, American Journal of Political Science, 47 (1): 91 −109.

25. Back, M. & Kestila, E. (2009). Social Capital and Political Trust in Finland: An Individual −level Assessment, Scandinavian Political Studies, 32 (2): 171 −194.

26. Bouckaert, G., Van de Walle, S., Maddens, B. & Kampen, J. K. (2002). Identity vs Performance: An Overview of Theories Explaining Trust in Government, Second Report. Leuven: Public Management Institute.

27. Bouckaert, G., Walle, S V D & Bouckaert, P. D. G. (2001). Government Performance and Trust in Government, General Information, 2001, (spring): 1 −21.

28. Chi, E., Rhee, Y. & Kwon, H. Y. (2013). Inequality and Political Trust in Korea, Korea Observer, 44 (2): 199 −222.

29. Chu, Y., Diamond, L., Nathan, A. J. & Shin, D. C. (2008). Comparative Perspectives on Democratic Legitimacy in East Asia, In Chu, Y., Diamond, L., Nathan, A. J., et al (Ed.). How East Asians View Democracy. New York: Columbia University Press.

30. Citrin, J. (1974). Comment: The Political Relevance of Trust in Government, American Political Science Review, 68 (3): 973 -988.

31. Citrin, J. & Green, D. P. (1986). Presidential Leadership and the Resurgence of Trust in Government, British journal of political science, 16 (4): 431 -453.

32. Clausen, B., Kraay, A. & Nyiri, Z. (2011). Corruption and Confidence in Public Institutions: Evidence from a Global Survey, The World Bank Economic Review, 25 (2): 212 -249.

33. Easton, D. (1975). A Re-Assessment of the Concept of Political Support, British Journal of Political Science, 5 (4): 435 -457.

34. Garrison, W. A. (1968). Power and Discontent. Homewood, IL: Dorsey Press.

35. Hardin, R. (2003). Trust in Government, In Braithwaite, V., Levi M. (Ed). Trust and Governance. New York: Russell Sage Foundation.

36. Hetherington, M. J (1998). The Political Relevance of Political Trust, American Political Science Review, 92 (4): 791 -808.

37. Huang, M., Whang, T. & Lei, X. (2016). The Internet, Social Capital, and Civic Engagement in Asia, Social Indicators Research, 1 -20.

38. Inglehart, R. (1997). Postmaterialist Values and the Erosion of Institutional Authority, In Nye, J. S., Zelikow, P. D. & King, D. C. (Ed.). Why People Don't Trust Government. Cambridge, Ma: Harvard University Press.

39. Kim, B. S. & Kim, J. H. (2007). Increasing Trust in Government through More Participatory and Transparent Government, Presidential Committee on Government Innovation & Decentralization, Republic of Korea.

40. Kim, M. & Voorhees, M. (2011). Government Effectiveness and Institutional Trust in Japan, South Korea, and China, Asian Politics & Policy, 3 (3): 413 -432.

41. Lane, R. E. (1959). Political Life: Why People Get Involved in Politics. Glencoe, ILL: The Free Press.

42. Levi, M. & Stoker, L. (2000). Political Trust and Trustworthiness, Annual Review of Political Science, 3 (1): 475 -507.

43. Li, L. J. (2008). Political Trust and Petitioning in the Chinese Countryside, Comparative Politics, 40 (2): 209.

44. Mansbridge, J. (1997). Social and Cultural Causes of Dissatisfaction, In Nye, J. S., Zelikow, P. D. & King, D. C. (Ed). Why People Don't Trust Government. Cambridge, Ma: Harvard University Press.

45. Mishler, W. & Rose, R. (2001). Leadership Failures, the Distrusting Public, and Prospects of the Administrative State, Comparative Political Studies, 34 (1): 30 -62.

46. Miller, A. H. (1974). Political issues and trust in government: 1964 -1970, American Political Science Review, 68 (3): 951 -972.

47. Mitchell, T. R. & Scott, W. G. (1987). Leadership Failures, the Distrusting Public, and Prospects of the Administrative State, Public Administration Review, 47 (6): 445 -452.

48. Morgeson, F. V. & Petrescu, C. (2011). Do They all Perform Alike? An Examination of Perceived Performance, Citizen Satisfaction and Trust with US Federal Agencies, International Review of Administrative Sciences, 77 (3): 451 -479.

49. Morgeson, F. (2014). Citizen Satisfaction: Improving Government

Performance, Efficiency, and Citizen Trust. Springer.

50. Myeong, S. & Seo, H. (2016). Which Type of Social Capital Matters for Building Trust in Government? Looking for a New Type of Social Capital in the Governance Era, Sustainability, 8 (4): 322.

51. Norris, P. (1999). Introduction: The Growth of Critical Citizens?, In Norris, P. (Eds.). Critical citizens: Global support for democratic government. OUP Oxford.

52. Nye, J. S. (1997). Introduction: The Decline of Confidence in Government, In Nye, J. S., Zelikow, P. D. & King, D. C. (Ed.). Why People Don't Trust Government. Cambridge, Ma: Harvard University Press.

53. Orren, G. (1997). Fall from Grace: The Public's Loss of Faith, In Nye, J. S., Zelikow, P. D. & King, D. C. (Ed.). Why People Don't Trust Government. Cambridge, Ma: Harvard University Press.

54. Parent, M., Vandebeek, C. A. & Gemino, A. C. (2005). Building Citizen Trust through E-Government, Government Information Quarterly, 22 (4): 720 −736.

55. Seligson, M. A. (2002). The Impact of Corruption on Regime Legitimacy: A Comparative Study of Four Latin American Countries, Journal of Politics, 64 (2): 408 −433.

56. Shi, T. (2001). Cultural Values and Political Trust: A Comparison of the People's Republic of China and Taiwan, Comparative Politics, 33 (4): 401 −419.

57. Sun, I., Hu, R. & Wu, Y. N. (2012). Social Capital, Political Participation, and Trust in the Police in Urban China, Australian and New Zealand Journal of Criminology, 45 (1): 87 −105.

58. Thomas, C. W. (1998). Maintaining and Restoring Public Trust in Government Agencies and Their Employees, Administration& society, 30 (2): 166 -193.

59. Tolbert, C. J. & Mossberger, K. (2006). The Effects of E - Government on Trust and Confidence in Government, Public Administration Review, 66 (3): 354 -369.

60. Wang, X. & Wart, M. W. (2007). When Public Participation in Administration Leads to Trust: An Empirical Assessment of Managers' Perceptions, Public Administration Review, 67 (2): 265 -278.

61. Welch, E. W., Hinnant, C. C. & Moon, M. J. (2005). Linking Citizen Satisfaction with E - Government and Trust in Government, Journal of Public Administration Research and Theory, 15 (3): 371 -391.

62. Williams, J. T. (1985). Systemic Influences on Political Trust: The Importance of Perceived Institutional Performance, Political Methodology, 125 -142.

63. van Elsas, E. (2015). Political Trust as a Rational Attitude: A Comparison of the Nature of Political Trust across DifferentLevels of Educatio, Political Studies, 63 (5): 1158 -1178.

64. Zucker, L. G. (1986). Production of Trust: Institutional Sources of Economic Structure, 1840 - 1920, Research in organizational behavior, 8: 53 -111.

第 7 章　电子治理改善政府信任的途径与策略

政府信任作为获取政治合法性和实现治理有效性的重要基础，对政府管理、经济发展和社会稳定具有重要意义。得益于信息技术的快速发展，电子治理为优化政务服务，改进管理效率，促进政府与公众良性互动，提高公众满意度和政府信任提供了新的技术途径。当前，国家正大力推行"互联网＋政务服务"战略，如何借助电子治理有效地改善公众的政府信任，成为公共管理研究和实践中的一个重要话题。本章在分析政府信任和电子治理相关理论的基础上，重点探讨电子治理改善政府信任的途径与机制，并提出借助电子治理提高政府信任的相关策略，最后，基于研究结论对未来研究做出展望。

7.1　政府信任：一个互联网时代亟待加强研究的话题

政府信任，是指公众对政府或政治系统的行为和结果与其期望相符的信心和信念（Citrin，1974；Miller，1974；Hetherington，1998）。在公共管理实践中，公众对政府的信任是政治支持的重要组成部分，是政府合法性和治理有效性的基础，对政府管理和政策制定与执行具有重要意义。因此，如何改善政府信任是实践者和学者们共同持续关注的重要话题。然而，改善政府信任并不是一项容易的事情。信任是具有多个维度的复杂的概念，属于道德和社会心理学范畴，同时包括人际和制度两个层面的认知、情感和行为因素（Thomas，1998）。随着社会文化环境的变迁，政府信任的概念、内容和影响因素也随之发生改变，如何有效提高公众的政府信任正在日益趋于复杂化。

公众的政府信任既受到个人因素、社会环境的影响，也受到政府（官员）形象与行为以及公众与政府互动情况等方面的影响。政府信任的传统研究认为，提高政府信任应该注重政治、政府、经济、社会、文化等方面因素的影响，这些因素确实构成提高政府信任的基本方向，也取得了丰硕的研究成果和实践成效。目前，除了这些传统影响因素外，互联网时代的到来为政府信任的改善带来了新的机遇和挑战，信息技术正在深刻地影响政府信任的构建过程。信息技术一方面让公民与政府的沟通变得便捷顺畅，提升政府的回应性和亲和力，但另一方面也使公众更加强调公平感、参与意识和公民意识，对政府行为和结果更加"挑剔"，而且还为"批判性公民"表达和扩散对政府的不信任带来便利，有可能加剧政府信任的下降趋势（张明新、刘伟，2014；章秀英、戴春林，2014；苏振华、黄外斌，2015）。

信息技术对于政府信任改善而言是一把"双刃剑"，电子治理作为信息技术在政府管理中的实践应用，必然会对政府信任产生重大影响，因此，分析电子治理影响政府信任的途径与机制，进而有效地利用电子治理改善公众对政府的信任具有十分重要的意义。电子治理有助于改进管理和服务效率，提高信息透明度，促进官民互动，这都潜在地改善了公众对政府的认知和态度，进而增强了对政府的信任。电子治理既是当前政府改革与创新的重要内容，也是互联网时代改善政府信任的重要机遇，但是目前对于电子治理与政府信任相关研究并不充分，是一个亟待加强研究的新话题。在"互联网＋政务服务"的国家战略背景下，电子治理将进一步成为改善政府信任的新的技术途径。

7.2 电子治理：改善政府信任的新技术途径

7.2.1 电子治理的概念与范畴

电子治理的概念与电子政务和治理相关联，是电子政务在新的时代背景下的发展和延续。目前，学术界关于电子治理并没有形成统一的共识性的概念，学者们从不同的角度出发对电子治理进行阐释。一个比较具有代表性的观点认为，电子治理是一个综合性的概念，是指利用信息沟通技术实现国家目的的过程（Finger & Pécoud，2003），即通过信息沟通技术改革公共治理，以达到实现善治的目的（Okot－Uma，2000；Finger & Pécoud，2003）。因此，电子治理的范畴要比电子政务更加宽泛，除了包括电子政务的基本业务活动外，它还以治理为原则，更加强调开放、参与、透明和沟通，更加强调政府内外部关系的管理，而且还涉及社会发展转型（Pablo & Pan，2002；王浦劬、杨凤春，2005）。

电子治理的范围通常包括五个方面：政府与政府（G2G），即运用信息处理政府内部之间的管理问题，以提高行政效率；政府与企业（G2B），即利用信息技术处理与企业的双向互动与交易；政府与公众（G2C），即政府为公众提供一站式的信息查询和政务服务；政府与雇员（G2E），即以雇员为中心的内部管理系统，帮助雇员更有效地完成工作；政府与非营利组织（G2N），即以非营利组织为中心，提供电子化服务。从政治家、公共机构和社会的三方视角来看，电子治理的基本内容包括电子行政（E-administration）、电子服务（E-service）、电子民主（E-democracy）三个方面，如图7-1所示。电子行政是信息技术在政治家与公共机构内的应用，强调管理和控制，以提高管理效率；电子民主是信息技术在政治家与公众之间的应用，注重运用信息技术促进公众更加便捷有效地参与到政治过程中；电子服务是信息技术在公共机构与公众和企业之间的应用，借助技术拓展优化公共服务供给渠道。

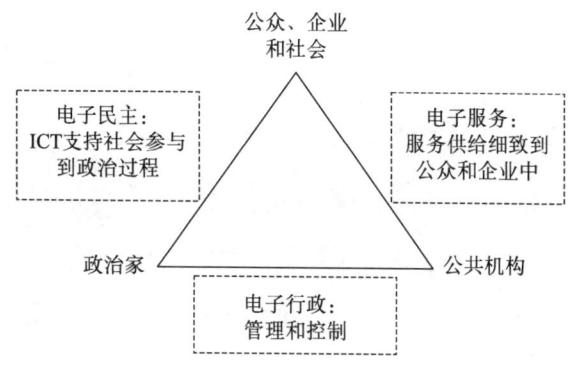

图7-1 电子治理的基本内容

资料来源：Jansen，2005。

电子治理不仅涉及新的领导方式和决策方式，更涉及获取公众需求的新方式以及信息和服务的组织与提供的新方式（Ferguson & Raine，1999）。电子治理通过电子化服务、电子化参与和电子民主架起政府与企业、公众和非营利组织之间的桥梁，不仅带来了高效优质的政务服务，提高了服务供给生产率和公众满意度，而且将信息沟通和公众参与电子化形成了良好的互动关系，带来了更高水平的参与和政府信任度（Accenture，2014）。因此，电子治理不仅改革了政府治理方式和工具，而且改变了政府与公众的公共关系和互动模式，实际上经历了一个从"公告板和服务传递到互动式民主"的发展过程（West，2005）。

本章将研究范围限定在政府与公众间（G2C），并重点关注电子治理对政府与公众关系方面的外部影响，以分析电子治理对政府信任的影响途径与机制。具体而言，本章将聚焦于电子治理的以下三项功能：电子化信息公开，公众通过使用电子化手段获取信息并实现在线交流，这是电子治理最基本的内容；一站式在线服务，即将相关服务进行整合，并实现政府服务在线办理；电子化参与，即提供电子化的方式实现公众直接参与，例如网上投票、意见表达等。然后，基于此三项基本功能，结合信任的产生方式，具体分析电子治理对政府信任的影响途径。

7.2.2 电子治理改善政府信任的途径分析

通常认为信任的产生方式有三种：一是通过以特征为基础产生信任，即与个人特征如家庭背景、种族等因素相关；二是以过程为基础产生信任，即由重复交换或持续互动而产生；三是以制度为基础产生信任，即由正式的制度过程而产生，例如专业认证、政府管制等（Zucker, 1986; Thomas, 1998）。托尔伯特和莫森伯格将电子治理促进政府信任产生的方式归纳为企业家途径和参与途径两种（Tolbert & Mossberger, 2006），企业家途径和参与途径共同促进了以过程为基础和以制度为基础的政府信任的产生。其中，企业家途径来源于新公共管理中政府再造的理念。电子治理再造了政府信息服务和政务服务的管理流程和服务方式，通过一站式的信息和服务，改变了公众与政府互动的界面。回应性和高效率是企业家途径的优势所在。参与途径来自直接民主、责任、透明的理念。电子治理为公众提供了新的参与和对话渠道，促成了以直接民主为特征的电子民主，使得政府更加具有责任性、透明性和回应性。

根据电子治理的基本内容、信任产生的方式以及已有研究分析，电子治理改善政府信任的途径主要有三种方式：通过电子化信息公开提高政府透明度，通过一站式在线服务改进服务效率，通过电子化参与促进参与和互动。

7.2.2.1 提高政府透明度

电子治理促进了信息公开的范围和力度，降低了公众获取公共信息的成本，从公众与政府的委托代理关系来看，这有助于减少公众的信息不对称，增强对政府的认知和信赖，产生了以过程为基础的政府信任。政府部门所提供公共信息的数量和质量决定了政府的透明度状况，并进一步影响了政府与公众间信任关系的建立（Kim & Kim，2007；周毅，2014）。政府通过使用现代信息技术有助于塑造透明文化，电子治理的建立促进了信息发布系统的改进，通过强制性的信息交换和消除实践中信息保留及存储的障碍，进而提高政府透明度（Bertot，Jaeger & Grimes，2010）。

电子治理的电子化信息服务功能除了能够提高政府透明度，保障公众的知情权外，还有助于减少腐败，提高政府责任性，促进官民信息互动。电子治理进一步透明化政府信息与决策过程，增强了政府对公民的责任感，而更大的透明性和责任性又能减少腐败，从而提高公众对政府的信任度（孙国锋、苏竣，2001）。许多研究也认为电子治理的深入发展为提高公共信息质量，促进政府与公众之间的信息交流，进而为提高公众的政府信任提供了新的技术路径（Norris，2001；Chadwick & May，2003；Welch & Hinnant，2003；Tolbert & Mossberger，2006；Smith，2010；Kim & Lee，2012）。可见，电子治理借助信息技术拓展了信息公开的内容和范围，提高了政府透明度和责任性，保障了公众的知情权和监督权，在减少公众与政府信任不对称的同时，改善了公众对政府的认知和态度，从而提高了公众的政府信任度。

7.2.2.2 改进服务效率

电子治理优化了政府内部管理机制，整合了政务服务流程，通过一站式在线服务提高了服务效率，而且增强了回应公众需求的及时性，产生了以过程为基础的政府信任。现代政府信任下降的一个重要原因是很多公众认为政府管理效率低下，政务服务效益不高（West，2005），而电子治理的深入发展有助于改变政府管理和服务低效率、低效益的状况。便捷高效的一站式在线服务是电子治理一项重要的功能优势，它改进了政府的管理和服务绩效，同时有助于提高公众的办事效率，这是优化政府行为和产出、改善政府形象的重要方面。

电子治理具有降低服务成本的潜力，以信息技术为基础的一站式在线服务不但帮助政府解决效率和效益问题，而且打造了一个"服务更好、花费更少"的政府，打破"信任降低—资源减少—绩效感知降低—信任再降低"的恶性循环，从而获得更高的公众信任度（Moon，2003；Yang & Holzer，2006；Kim & Kim，2007）。从工具论视角看，电子治理作为一种改进治理绩效的技术工具，除了与公共服务供给的效率和效益相联系外，它还具有更好的灵活性与适应性。基于信息技术的流程再造和管理革新，能够及时汇集和反馈现代社会条件下不断变化的多样化的公众需求，从而实现了回应服务需求的及时性和系统性。因此，电子治理依托现代信息技术，通过建立一站式在线服务平台，在改进了内部管理效率和外部服务效益的同时，有助于扭转公众长期以来形成的"办事难、效率低"的政府印象，进而提供公众的政府信任度。

7.2.2.3 促进参与互动

政府努力为公众提供更多的机会，直接参与政策制定和公共事务管理，更加强调透明、参与、回应、责任等民主价值，有助于提高公众的政府信任度（King，Feltey & Susel，1998；Wang，2001；Welch & Hinnant，2003；Fung，2006；Kim，2010）。重建政府信任的最重要的方式是改善公众与政府的接触，从而产生以过程为基础和以制度为基础的政府信任。从这一角度来看，电子治理拓展和便捷化了公众参与公共事务管理的渠道，通过信息技术最大可能地实现了直接民主，并改善了公众与政府的互动关系。因此，这种公众与政府之间直接有效的互动行为，增强了政府透明、回应和民主等价值，有助于产生以过程为基础和以制度为基础的政府信任。

当前，随着电子治理的深入发展，公众越来越倾向于通过电子化途径与政府接触互动，公共管理和决策中的公民参与已经进入电子化时代，换言之，公众不仅使能够更加便捷地与政府沟通，而且能够更加直接地参与政策制定。电子治理发展了公众与政府间的关系，并使二者之间的关系得到改善（Thomas & Streib，2003；Sweeney，2008）。因此，电子治理不仅改革了政府治理方式和工具，而且改善了政府与公众的公共关系和互动模式，在公共管理实践中，电子治理使得政府与公众之间建立起更加便捷的直接联系，使政府更加贴近公众的同时，增加了公众参与公共事务的机会，也增加了政府的责任性和公众的授权和信任（Coleman & Gotze，2001；Hart & Teeter，2003；刘邦凡，2005）。可见，电子治理在促进公众参与方面，实际上带来了一场电子民主的变革，它使得政府管理变得更具可及性，而电子化参与的直接性、双向性和便利化更是带来了政府与公众互动关系的改善，进而提高公众的政府信任度。

7.3 电子治理改善政府信任的相关策略

基于以上分析可以发现,电子治理将成为当前"互联网+政务服务"背景下,改善和提高政府信任重要的战略选择。电子治理为现代政府带来了更多的透明、效率和民主的元素,改善了公众对政府的认知和态度,具有有效提升和改善政府信任的潜力。因此,从改善公众的政府信任的角度看,在未来电子治理的发展过程中,应该对如下几个方面加以重视。

7.3.1 完善电子化信息公开,提高政府透明度

完善电子化信息公开工作,提高政府透明度是电子治理改善政府信任的基础性工作。电子化的信息公开需要建立完善的法律法规和技术规范,保障应该予以公开的公共信息能够以电子化的方式汇集、整理、存储和公开,同时关注信息安全性、隐私性的保护,使公众能够方便快捷、安全有序、完整准确地获取公共信息,从而增强政府透明度并逐步建立透明文化,为改善公众的政府信任建立信息认知基础。在政府信息管理过程中,应该注重借助电子治理的技术优势,尤其是政府微信、微博等新媒体,形成多元化信息发布渠道,提高公共信息的可及性、易用性和有用性,降低公众获取公共信息的时间成本和经济成本。同时,为了保障电子化信息公开工作的顺利开展,还需要建立完善的制度保障机制,包括电子化信息发布机制、协调机制、审查机制和监督机制,以提高电子化信息公开质量和政府透明度,从而改善政府形象和公众的政府信任度。

7.3.2 优化一站式在线服务，改进服务效率和效益

在电子化服务方面，需要制定和完善标准化的在线服务规范，确保管理方式和服务流程的再造得以实现和维持。在服务管理过程中，建立服务效率和服务质量的持续改进机制，立足信息技术的新发展和公众对于政务服务的新需要，不断优化一站式在线服务，提高电子化服务质量。在技术方面，政府管理者应该重视电子化基础设施建设，提供安全稳定、功能全面、操作简便的在线服务平台。此外，当前互联网发展的一个重要的新趋势是移动互联网兴起并逐渐成为公众与政府接触的重要方式。因此，基于当前移动互联网快速发展，优质的移动政务服务平台和应用终端应该作为在线服务发展的重要方向。在制度方面，要利用信息技术快速发展的契机，完善管理方式和服务流程，建立标准化的技术准则和服务规范、完善的一站式服务质量管理机制以及服务监督与反馈机制。从技术和制度两个方面，确保一站式在线服务平台能够为公众提供多样化、便捷化、高质量的政务服务，从而改善公众对政府的信任度。

7.3.3 大力发展电子民主，促进公众参与和互动

发展电子民主应该围绕提高公众参与度和提升实质性的参与效果，进一步明确和有序扩大电子化参与范围，畅通电子化参与渠道，完善公众与政府的沟通交流，确保公众的需求与意见快速准确地传递到决策与管理过程。在制度建设方面，政府管理者首先要转变观念，建立常态化、制度化的电子参与机制，妥善处理互联网新媒体时代的政府与公众的互动关系，积极应对电子化参与可能带来的冲击和挑战，为促进公众的电子化参与提供可靠的制度环境和良好的舆论氛围。在技术方面，大

力建立基于互联网和移动终端的电子化参与平台，例如，电子资讯平台、电子投票平台、电子协商平台，拓展公众参与决策与管理的范围，畅通公共参与渠道。同时，建立完善的技术标准和安全规范，确保电子参与平台的安全性、可靠性以及隐私保护。此外，在打造多方位的电子参与和互动过程的同时，还应该注重电子化的回应机制，这是当前电子民主发展中所容易缺失的环节，应该在电子参与的制度设计过程予以重视。通过制度完善和技术保障，借助电子治理为公众提供便捷可靠、回应及时的高品质参与服务，能够改善公众与政府的互动关系，提高公众对政府的信任度。

7.3.4　以提高公众满意度为中心，加强电子治理建设

对于电子化信息公开、一站式在线服务和电子化参与互动来说，改善公众使用体验和满意度，是提高政府信任的前提条件。如果电子治理发展良好，公众满意度较高，则有助于提高公众的政府信任度；反之，则有可能减损政府信任度。因此，在电子治理的成效评估中，应该把公众满意度作为重要的指标引入其中，并将满意度作为评判电子治理发展成败的标准，并以此作为推动电子治理改善政府信任的动力机制。在电子化平台建设阶段，要征集公众对电子化服务的需求、期望和使用习惯等信息，并作为平台建设的指南和参考。在电子化服务过程中，要严格按照标准化的服务规范进行服务供给，加强服务质量控制，努力满足公众服务需求，提升公众满意度。在服务完成阶段，可以建立电子化的服务质量调查和意见反馈机制，及时了解服务过程中的不足，获取新的公众需求信息，反馈到电子化平台完善过程中。总之，在电子治理的未来建设和发展中，应该始终以提高公众满意度为中心而开展，这是通过电子治理改善政府信任的重要前提。

7.4 结论与展望

当前,电子治理已经成为政府对外管理和服务的重要方式。作为对电子政务的超越和发展,电子治理概念内涵更为丰富,内容更加广泛,尤其要强调借助信息技术实现善治的目标。电子治理不仅改善了政府系统内部部门与部门间、部门与雇员间的关系,变革了管理流程和管理工具,而且对政府的外部关系也产生了重大影响,尤其是公众对政府的信任关系。换言之,电子治理使得政府管理向一个更加开放透明、服务高效、广泛参与的方向转变,有助于改善公众对政府的信任度。

本章基于对电子治理与政府信任的研究认为,电子治理的信息服务、政务服务和参与互动三项主要功能,促进了以过程为基础和以制度为基础的政府信任的产生,并在此基础上,进一步深入探讨了电子治理改善政府信任的三种主要途径。具体而言,电子治理借助电子化的信息公开方式,增强了公共信息汇集能力和发布能力,同时提高了公众对公共信息的获取能力,降低了获取成本,从而提高了信息可及性和政府透明度,增加了公众对政府的理解和信任。电子治理通过建立一站式在线服务平台,对内优化管理流程,整合服务资源,对外通过电子化方式改善政务服务的效率和质量,并及时针对公众需求做出回应与调整,改善了公众对政府的认知和信任。电子治理利用电子化的参与渠道推动了电子民主的到来,这种直接、便捷、双向的互动关系,不仅增加了公众参与公共事务管理与决策、表达利益诉求的机会,而且突出了透明、责任、回应等民主价值,增强了公众对政治制度的信心和对政府的信任。

最后,电子政务正在成为"互联网+时代改善和提高政府信任"的新的技术战略,需要学者和管理者予以持续关注,尤其是随着移动互联网的快速发展,移动电子政务对政府信任的影响也是值得关注的话题。在当前的政府管理中,管理者和学者们都期望信息技术能够改善公众的态度和认知。只要坚持透明、高效和回应性的电子治理发展方向,进一步提高信息公开力度,提升电子化办事效率,积极引导和回应公众参与和需求表达,不断提高公众的使用体验和满意度,电子治理一定能够更有效地提高和改善政府信任。

参考文献

1. 达雷尔·韦斯特(2010). 数字政府:技术与公共领域绩效. 北京:科学出版社.

2. 胡荣、胡康、温莹莹(2011). 社会资本、政府绩效与城市居民对政府的信任. 社会学研究,1:96—117.

3. 芮国强、宋典(2015). 电子政务与政府信任的关系研究——以公民满意度为中介变量. 南京社会科学,2:82—89.

4. 孙国锋、苏竣(2001). 电子政府促进民主与发展. 清华大学学报(哲学社会科学版),5:83—87.

5. 张明新、刘伟(2014). 互联网的政治性使用与我国公众的政治信任——一项经验性研究. 公共管理学报,1:90—103.

6. 周毅(2014). 公共信息服务质量问题研究——基于建立政府与公民信任关系的目标. 情报理论与实践,1:17—21.

7. Accenture (2014). Digital Government: Pathways to Delivering Public Services for the Future.

8. Carter, L. & Bélanger, F. (2005). The Utilization of E-Government Services: Citizen Trust, Innovation and Acceptance Factors. Information Systems

Journal. 15 (1), 5 −25.

9. Chadwick, A. & May, C. (2003). Interaction between States and Citizens in the Age of the Internet: e − Government in the United States, Britain, and the European Union. Governance. 16 (2), 271 −300.

10. Citrin, J. (1974). Comment: The Political Relevance of Trust in Government. American Political Science Review. 68 (3), 973 −988.

11. Das, J., Dirienzo, C. & Jr, J. B. (2008). Global E − Government and the Role of Trust: a Cross Country Analysis. International Journal of Electronic Government Research. 5 (1), 1 −18.

12. Fung, A. (2006). Varieties of Participation in Complex Governance. Public administration review. 66 (s1), 66 −75.

13. Hetherington, M. J. (1998). The Political Relevance of Political Trust. American Political Science Review. 92 (4), 791 −808.

14. Kim, B. S. & Kim, J. H. (2007). Increasing Trust in Government through More Participatory and Transparent Government.

15. Kim, S. & Lee, J. (2012). E −Participation, Transparency, and Trust in Local Government. Public Administration Review. 72 (6), 819 −828.

16. Kim, S. (2010). Public Trust in Government in Japan and South Korea: Does the Rise of Critical Citizens Matter? Public Administration Review. 70 (5), 801 −810.

17. King, C. S., Feltey, K. M. & Susel, B. O. (1998). The Question of Participation: Toward Authentic Public Participation in Public Administration. Public Administration Review. 58 (4), 317 −326.

18. Miller, A. H. (1974). Political Issues and Trust in Government: 1964 −1970. American Political Science Review. 68 (3), 951 −972.

19. Mishler, W. & Rose, R. (2001). Leadership Failures, the Distrusting Public, and Prospects of the Administrative State. Comparative political studies. 34 (1), 30 -62.

20. Moon, M. J. (2003). Can It Help Government to Restore Public Trust? Declining Public Trust and Potential Prospects of It in the Public Sector. Paper Present at Proceedings of the 36th Annual Hawaii International Conference on System Sciences, Hawaii.

21. Morgeson, F. V., VanAmburg, D. & Mithas, S. (2011). Misplaced Trust? Exploring the Structure of the E - Government - Citizen Trust Relationship. Journal of Public Administration Research and Theory. 21 (2), 257 -283.

22. Morgeson, F. V. & Petrescu, C. (2011). Do they all Perform Alike? An Examination of Perceived Performance, Citizen Satisfaction and Trust with US Federal Agencies. International Review of Administrative Sciences. 77 (3), 451 -479.

23. Norris, P. (2001). Digital Divide: Civic Engagement, Information Poverty, and the Internet Worldwide. Cambridge University Press.

24. Smith, M. L. (2010). Building Institutional Trust through E - Government Trustworthiness Cues. Information Technology & People. 23 (3), 222 -246.

25. Thomas, C. W. (1998). Maintaining and Restoring Public Trust in Government Agencies and their Employees. Administration & society. 30 (2), 166 -193.

26. Thomas, J. C. & Streib, G. (2003). The New Face of Government: Citizen - Initiated Contacts in the Era of E - Government. Journal of Public Administration Research and Theory. 13 (1), 83 -102.

27. Tolbert, C. J. & Mossberger, K. (2006). The Effects of E - Govern-

ment on Trust and Confidence in Government. Public Administration Review. 66 (3), 354 -369.

28. Vigoda - Gadot, E. & Yuval, F. (2003). Managerial Quality, Administrative Performance and Trust in Governance Revisited: A Follow - Up Study of Causality. International Journal of Public Sector Management. 16 (7), 502 -522.

29. Wang, X. (2001). Assessing Public Participation in US Cities. Public Performance & Management Review. 24 (4), 322 -336.

30. Welch, E. W., Hinnant, C. C. & Moon, M. J. (2005). Linking Citizen Satisfaction with E - Government and Trust in Government. Journal of Public Administration Research and Theory. 15 (3), 371 -391.

31. Welch, E. W. & Hinnant, C. C. (2003). Internet Use, Transparency, and Interactivity Effects on Trust in Government. Paper Present at Proceedings of the 36th Annual Hawaii International Conference on System Sciences, Hawaii.

32. West, D. M. (2004). E - Government and the Transformation of Service Delivery and Citizen Attitudes. Public Administration Review. 64 (1), 15 -27.

33. Yang, K. & Holzer, M. (2006). The Performance - Trust Link: Implications for Performance Measurement. Public Administration Review. 66 (1), 114 -126.

| 第三篇 |

跨域治理与区域发展

第 8 章　跨域治理的概念谱系与研究模型

在全球化和区域主义等趋势的影响下,政府治理环境日趋复杂,跨越了传统的国家疆界、行政区划和部门界限,比以往面临更多的不确定性,在公共管理和政策实施过程中也涌现出越来越多的跨区域、跨领域的复杂问题。在中国,自 1980 年行政性分权后,在区域经济由纵向运行系统向横向运行系统转变的过程中,出现了以邻为壑的地方本位主义和地方保护主义,由行政单元高度分割带来的空间管理破碎化问题,引发了与日俱增的跨域公共议题(李广斌等,2009)。建立健全跨域治理机制,寻求有效的跨域治理模式,是我国全面深化改革与推进国家治理现代化面临的一项重要课题。本章在阐释跨域治理概念谱系的基础上,讨论了跨域治理的过程、结构与整合模型,以期从文献整理分析的角度对跨域治理进行深入的理解和探讨,并展望跨域治理研究的发展方向及前景。

8.1　跨域治理的概念谱系

治理是各种公共或私人的机构管理其共同事务的诸多方式总和,以使相互冲突或不同的利益调和,并且采取联合行动的持续过程(The UN Commission on Global Governance, 1995)。跨域治理,是指两个或两个以上的不同部门、团体或行政区划,因为彼此间的业务、功能或疆界相接及重叠而逐渐模糊,导致权责不明、无人管理与跨部门的问题发生时,公部门、私部门以及非营利组织的组合,通过协力治理、社区参与、公私合伙或契约协定等联络方式,解决难以解决的问题(林水波等,2005)。

跨域治理尤其强调组织上的跨部门、地理上的跨行政区划,超越传统公私部门分野的伙伴关系,以及横跨各个政策领域的协力合作。根据对"域"的不同理解,可把相关概念梳理为两类:一类是基于地理空间的跨域治理概念,把"域"理解为地理空间,侧重研究在某个特定的地理空间或行政区划内,政府之间、政府与其他非政府组织之间如何开展合作与治理;另一类则强调跨组织的跨域治理概念,把"域"理解为组织界限和不同的行动者,关注不同组织和行动者因为特定问题产生的合作与治理过程。

基于特定地理空间的跨域治理涵盖了城市治理、地方治理、大都市区治理、广域行政、区域治理与空间治理。其中,城市治理是指城市权力的运用方式,或是城市范围内政府、私营部门、非营利组织三种主要的组织形态构成的相互依赖的多主体治理网络(王佃利,2006),侧重研究城市内的政府治理,以及城市政府与非政府部门、市民社会之间的互动。地方治理是指在中央与地方关系框架下的地方行政向以自治为原则的治理转变的过程,侧重研究地方分权与自治。大都市区治理是指通过政府结构重组或跨区域合作,有效解决人口、环境、公共服务提供等大都市区发展危机。区域治理概念常与城市治理、大都市区治理混合使用,在一国范围内,指城市群或都市圈中的城市通过合作应对跨区划公共问题的过程,与其相近的概念还包括区域行政、区域公共管理、复合行政、复合治理等。广域行政,特指日本地方跨区划的行政管理机制,核心是地方公共团体之间的合作关系。空间治理则赋予"空间"概念更广泛的内涵,强调运用新经济地理学分析特定区域的规模、文化等变量对政府治理的影响。

强调跨组织的跨域治理围绕合作者之间的互动关系进行探讨,包含合作治理、伙伴关系、网络治理、府际管理、多层次治理、整体性治理等相关概念。其中,合作治理被视为多组织环境下政府治理的未来主导战略。伙伴关系是合作治理的实践形态,用以描述政府部门之间、公私部门之间建立的合作关系。网络治理强调通过交换、对话和协商等机制进行持续的组织互动,是与市场模式、科层模式相异的新型治理模式,具有主体多元性、组织互赖性、弹性协作、彼此建立信任等特征(Alter & Hage,1993;Toole,1997)。府际关系是指一国内部不同政府部门间的互动关系,由此延伸出的府际管理,是指在高度不确定和复杂的条件下,通过创造和利用政府网络和非政府网络来解决政府间问题的过程(Berry & Brower,2005;Wright,1990)。多层次治理通常指欧盟内部跨国和跨地区之间的公共事务合作,包含一系列制度安排以及整套的协商体系,侧重分析欧盟各成员国、各地区的复杂决策过程(Marks,1996;Piattoni,2009)。整体性治理是以信息技术为支撑,政府面向公众提供无缝隙的整合性服务,是继传统官僚制、新公共管理之后的理想公共行政模式;整体性治理架构下的政府需建立政策整合、中央授权等机制,实现治理层级、功能、公私部门等多面向的整合(彭锦鹏,2005)。

8.2 跨域治理的过程模型

跨域治理的过程模型把组织合作与跨域治理视作一个相互联结的完整过程，代表性的模型包括"先行-过程-结果"模型与合作发展过程模型。

8.2.1 先行-过程-结果模型

格雷（Gray）和伍德（Wood）把组织合作分为先行、过程、结果三个阶段（Gray，& Wood，1991）。在此基础上，汤姆森（Thomson）和佩里（Perry）整合了十多年来的研究成果，对上述三阶段做了充实完善（见图 8-1）。

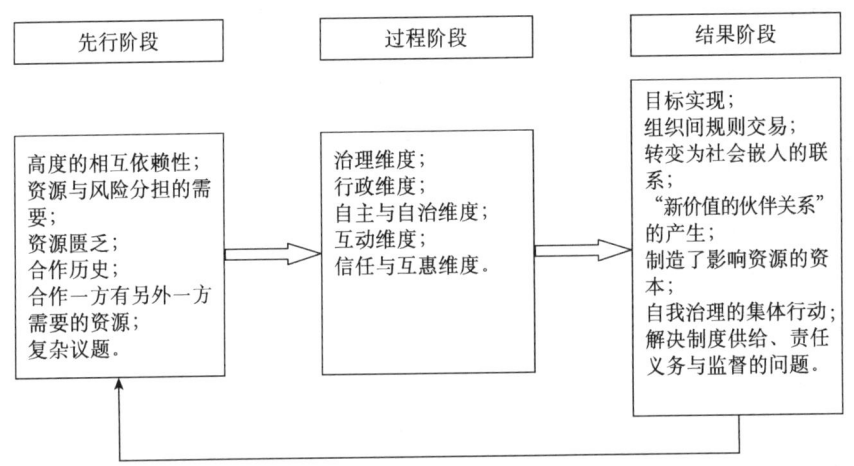

图 8-1 "先行-过程-结果"模型

资料来源：Thomson, A. M., & Perry, J. L. (2006). Collaboration processes: Inside the black box. Public administration review, 66 (s1).

先行阶段即组织合作的起始阶段，该阶段由组织间的高度互赖性、资源与风险共担的需要、合作历史、彼此间的资源需求、复杂议题等要素构成。过程阶段即组织合作的核心阶段，包含治理、行政、自主与自治、互动、信任与互惠五个维度。其中，治理维度是参与决策、分享权力和解决问题的过程；行政维度标志着合作走向行动阶段，包含协调、权责明细、监督机制、跨域者等因素和技巧；自主与自治维度描述了参与各方对母组织认同与合作认同之间的紧张关系；互动维度指组织之间在利益上的互赖性；信任与互惠维度表明在合作各方之间形成的信任感。结果阶段包含了组织间规则的成功交易、具有"新价值的伙伴关系"的产生、通过自我治理的集体行动，解决制度供给以及责任义务等问题。

在"先行-过程-结果"模型中，先行阶段的变量，如组织之间的依赖性、资源匮乏等，是组织合作的直接动因；过程阶段的五个维度是分析组织合作的重要因素，多维度之间的平衡决定了合作关系的稳定性，是各方实现理想结合的基础；结果阶段的构成要素，如是否产生新的伙伴关系、是否制造新的资源或资本等，是衡量合作成果的重要标准。由此观之，成功的跨域治理，不仅要求公共管理者能够深刻考虑和理解过程中所包含的内涵，还需要通过各方努力，取得各个环节之间的衔接与平衡。

8.2.2　合作发展过程模型

瑞利（Ring）和万德文（Van de Ven）的合作发展过程模型（见图 8-2）将跨部门合作视为一个由协调、责任、执行、评价四要素构成的周期性的复杂过程。其中，协调要素包括正式交易与非正式判断的互动。责任要素旨在通过正式的法律合同、非正式的心理契约、解决

"搭便车"问题的能力等,明确各方责任义务,建立联系规则。执行要素是指通过组织规则和个人互动,履行各方责任义务。评价要素是对以互惠为基础的三个过程进行组织化的评价。合作发展过程模型认为,组织合作是个周期循环的线性过程,协调、责任、执行、评价四个要素缺一不可,要素中的各个变量,如感知形成、心理契约、人事互动等,被认为与组织建立合作关系存在正相关关系。与"先行-过程-结果"模型不同,发展过程模型认为,合作关系的持久性并不取决于各要素之间的稳定性,而取决于正式过程与非正式过程中的某种平衡。

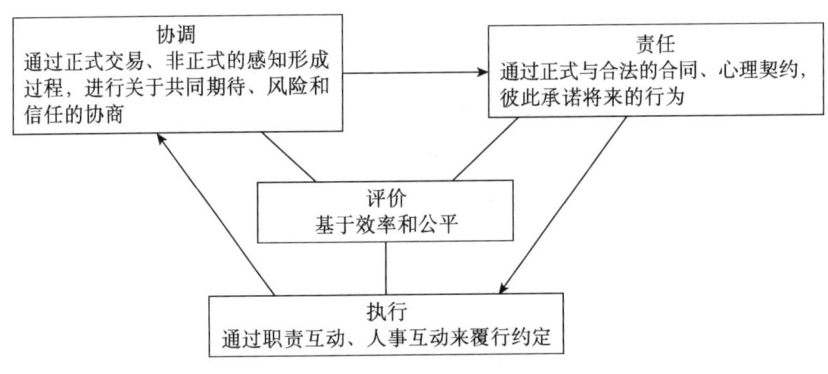

图 8-2　跨部门合作的发展过程模型

资料来源:Ring, P. S., & Van de Ven, A. H. (1994). Developmental processes of cooperative interorganizational relationships. Academy of management review, 19 (1)。

8.2.3　跨域治理的结构模型

跨域治理的结构模型并不关注过程的先后顺序,而聚焦于合作网络中参与者的关系、内部权力配置、合作能力等结构性因素,以及参与者彼此间合作和互动程度。代表性的结构模型包括网络治理的一般模型、巧匠模型、社区服务递送的网络结构模型等。

8.2.3.1 网络治理一般模型

琼斯（Jones）、海斯特里（Hesterly）与博尔加提（Borgatti）的网络治理一般模型（见图8-3），由交换条件互动、结构嵌入性和社会机制三个维度构成。其中，交换条件互动包括供应稳定情况下的需求不确定性、人的本性资产专属性对定制的要求、时间压力下的任务复杂性、网络各方经常交换等变量。结构嵌入性指参与者间的复杂联系。社会机制包括限制门槛、宏观文化、集体同意、声誉等一些非正式的促进或制约因素，以降低交易成本和减少交易的不确定性。该模型融合了社会网络中结构嵌入性的观点，交换条件是合作或网络治理产生的前提，结构嵌入性是模型的核心维度。

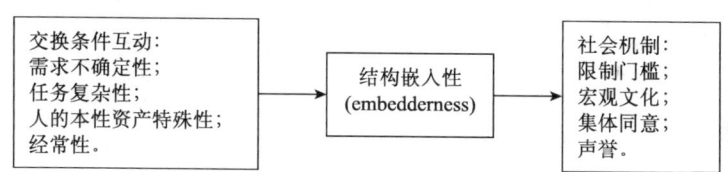

图8-3 网络治理结构的一般模型

资料来源：Jones, C., Hesterly, W. S., & Borgatti, S. P. (1997). A General Theory of Network Governance: Exchange Conditions and Social Mechanisms. Academy of management review, 22 (4)。

参与者之间的多种复杂联系，带来了信息、规则和共识需要的跨边界流动，流动速度越快，市场变化越迅速，发展网络治理的可能性就越大。

8.2.3.2 巧匠模型

巴达克（Bardach）的巧匠理论模型（见图8-4）认为，在协作活动中，任何一方都是对方的原材料，通过有创造性、有目的的人类行为来实现协作目标。跨部门合作需要信任、创造性机会、知识资本、执行网络、拥护群体、接受领导者、沟通渠道、改进指导能力、运行子系统的准备、持续学习十个要素的共同支撑。组织间协作能力是巧匠模型的核心概念，发展组织间协作能力就是要搭建一个包含十要素的平台，这些要素构成了协作能力所必须具备的内涵，要素间并无明确的先后或主次关系，要素之间的组合方式决定了跨部门协作有效性的高低。

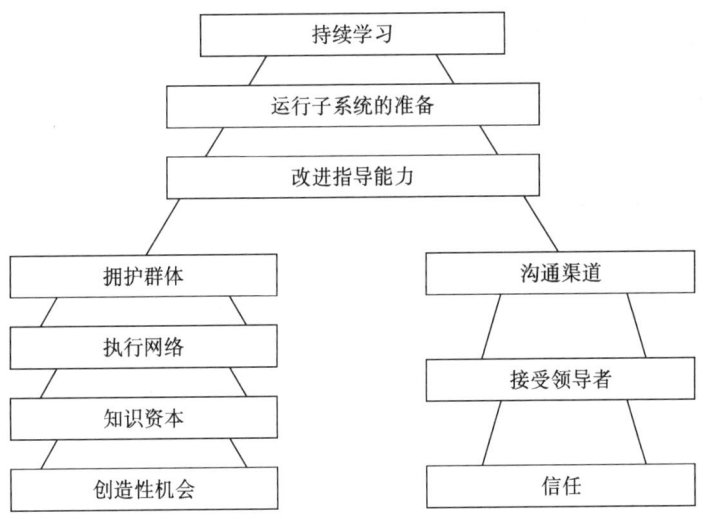

图 8-4 巧匠理论模型

资料来源：Bardach, E. (2001). Developmental dynamics: Interagency collaboration as an emergent phenomenon. Journal of Public Administration Research and Theory, 11 (2), 149-164。

8.2.3.3 社区服务递送的网络结构模型

普鲁文（Provan）和米尔伍德（Milward）于1995年提出了社区服务递送的网络结构模型（见图8-5）。该模型建立在对美国公共部门社区服务的实证分析基础上，指出网络治理兴起是政府治理的重要趋势，公共部门面向社区形成了与其他机构共同实施公共服务的合作局面。模型由网络结构、网络效力、网络背景三个要素构成。

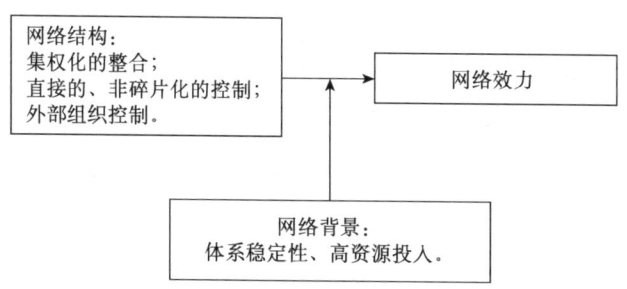

图 8-5 社区服务递送的网络结构模型

资料来源：Provan, K. G., & Milward, H. B. (1995). A preliminary theory of interorganizational network effectiveness: A comparative study of four community mental health systems. Administrative science quarterly, 1-33。

在构成网络结构模型的三个要素中，网络结构是指公共服务提供方之间的权力配置方式，可根据网络整合或一体化的程度将网络结构划分为集权化整合、直接和非碎片化的控制、外部组织控制三种类型。其中，在集权化整合的网络结构中，权力配置最为集中，即这一公共服务网络存在一个控制功能较强的核心组织或机构。网络背景是指公共服务递送体系的稳定性程度与政府在资金、人力等方面投入的情况。网络效力是指公共服务在社区所取得的最终成效和居民的满意度。

8.2.4 跨域治理的整合模型

相对于跨域治理的过程模型和结构模型，整合模型试图涵盖合作行为中的相关要素，建立包含过程、结构等要素的整合框架，以期从整体上评价组织合作与跨域治理的成效。跨域治理的整合模型包括跨部门合作框架、极端事件的跨部门合作扩展模型，以及合作治理的一般模型等。

8.2.4.1 跨部门合作框架

布莱森（Bryson）、克罗斯比（Crosby）和斯通（Stone）在文献综述的基础上提出了包含初始条件、过程、结构与治理、偶然性与约束、绩效与责任五个维度的跨部门合作框架（见图8-6）。

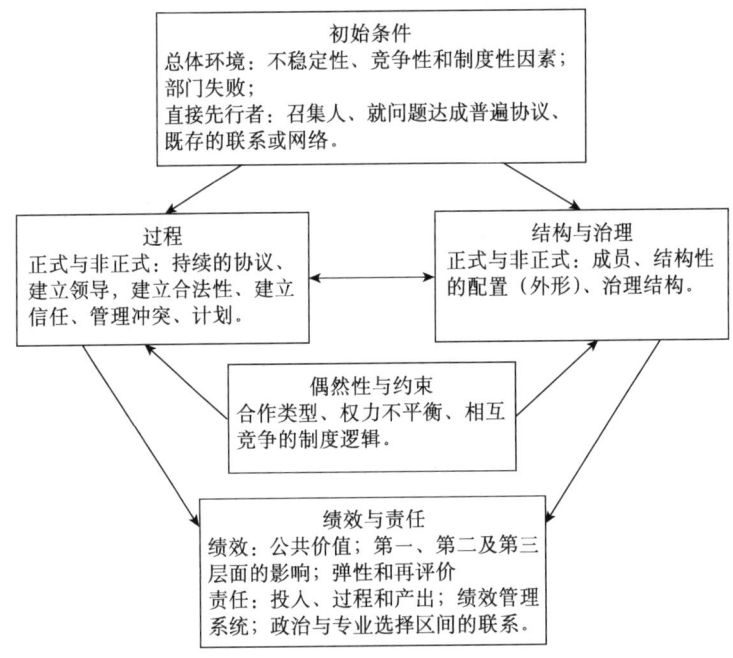

图8-6 理解跨部门合作的框架

资料来源：Bryson, J. M., Crosby, B. C., & Stone, M. M. (2006). The Design and Implementation of Cross-Sector Collaborations: Propositions from the Literature. Public administration review, 66 (s1)。

跨部门合作框架力图整合组织合作的重要因素，建立一个综合视角的分析框架，尽可能考虑所有变量对组织合作的影响。此外，该模型还深入分析了上述五个维度及其变量与组织合作成效之间的相关性强弱。

在跨部门合作框架中，初始条件因素包括总体环境、部门失败、直接先行者（Antecedents）。总体环境是指环境复杂性和在环境中的依赖性；部门失败是指合作前单个部门解决问题的失败经历；直接先行者用以描述是否有召集人、是否已形成共识和已有合作经历等。

过程因素涉及初步协议、建立领导者、建立合法性、建立信任、管理冲突和计划等变量。其中，初步协议包括正式与非正式的协议，以确定各方的责任与义务；领导者包括正式与非正式的领导者；合法性由形式合法性、结构合法性和机制合法性三个层面构成；信任包含对合作的预期和彼此善意等内容；冲突的产生源于各方对合作预期的差异；计划包括长期和紧急计划、合作使命与阶段目标等变量。

结构与治理因素由成员构成、治理结构配置等要素构成。其中，结构因素包括体制稳定性、合作战略目标、权力配置等情况；治理是指出于维持合作的考虑，开展的一系列协调和指导行为，并体现为价值、规则、信任等一些社会机制。

偶然性与约束因素包括合作类型、权力不平衡、竞争的制度逻辑等。其中，合作类型是指伙伴关系类别；权力不平衡指伙伴关系中的权力配置状况；相互竞争的制度逻辑指宏观层面的历史模式，影响合作者达成合作共识的程度。

绩效与责任因素包括合作创造的公共价值、多层面影响，以及对这些影响和价值的评估。公共价值是指单个部门无法实现，需通过合作创造的公共利益或价值；多层面影响包括合作的直接影响、新的合作伙伴和合作行动，以及一段时间后出现的持续性影响；弹性及再评估是指在一次合作结束或失败后，重新进行的部署、组织和架构；责任涉及对合作投入、过程和结果的追溯和评价。

8.2.4.2 极端事件处理中的跨部门合作扩展模型

西摩（Simo）和比斯（Bies）以美国卡特琳娜飓风后三个城市的应急反应为案例，修正了布莱森等学者在2006年提出的跨部门合作框架，认为该框架仅适用于一般的合作事务，无法解释应急情境下的跨部门合作行为。极端事件处理中的跨部门合作扩展模型在原先的初始条件、过程等五个维度外，增加了非正式部门介入维度（包括个体亲社会行为、自助行动、初期的群体形成等要素）（见图8-7）。

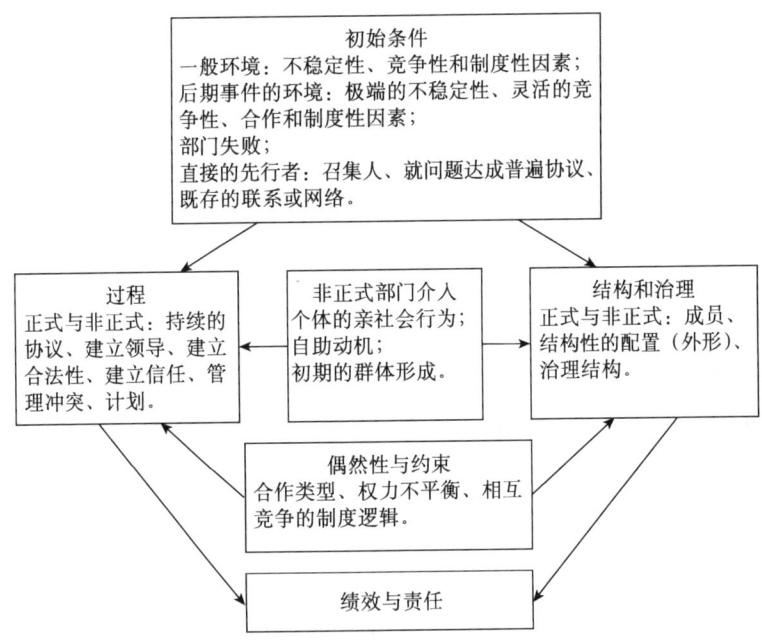

图8-7 极端事件处理中的跨部门合作扩展模型

资料来源：Simo, G., & Bies, A. L. (2007). The Role of Nonprofits in Disaster Response: An Expanded Model of Cross - Sector Collaboration. Public Administration Review, 67 (s1)。

与跨部门合作框架相比，极端事件处理的跨部门合作扩展模型认为，在应急情况下，非正式部门或行动者在跨部门合作过程中发挥着重要作用，建议政府实践者研究并重视非营利组织在跨部门合作中扮演的长期角色，积极动员非政府部门的志愿者参与合作。同时，私营企业和社团等也应建立特殊基金，便于在灾难发生时为有关机构提供额外的资金支持。

8.2.4.3 合作治理的一般模型

安思尔（Ansell）和盖什（Gash）在整合了137个案例研究的基础上，提出了合作治理一般模型（见图8-8），包括初始条件、制度设计、合作过程、领导者、结果五个维度。其中，前面四个维度决定了第五个维度，即合作结果以及合作的持续性。

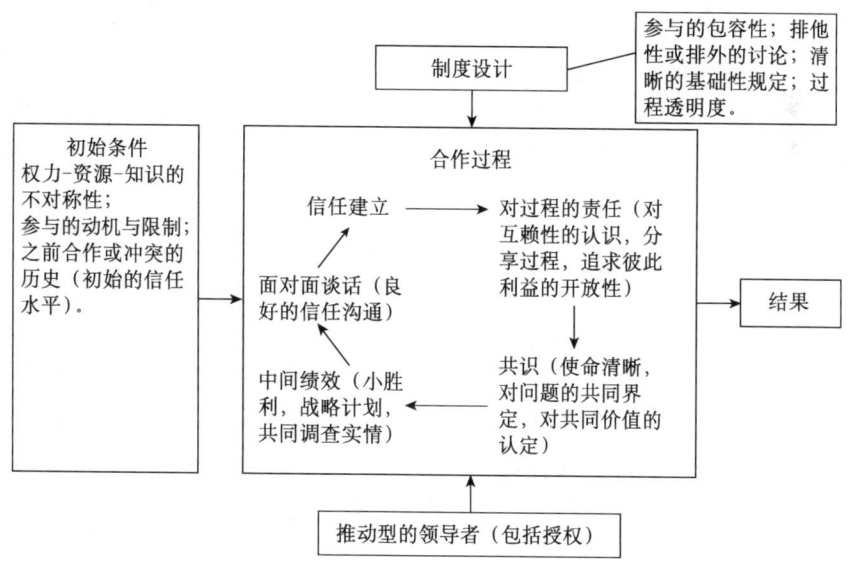

图8-8 合作治理的一般模型

资料来源：Ansell, C., & Gash, A. (2008). Collaborative governance in theory and practice. Journal of public administration research and theory, 18 (4)。

初始条件维度包括权力或资源不平衡、参与动机、之前合作或冲突的历史等变量。权力或资源不平衡是指各方的能力、地位和资源情况；参与动机是指参与合作的诱因；之前合作或冲突的历史是合作各方在合作前的互动情况。

制度设计维度包括合作的包容性、合作场所或途径的排他性、清晰的基础条款等因素。包容性是指参与合作的范围和深度；合作排他性是指合作是否是唯一的问题解决途径；基础条款是指约束和促进合作的制度或规定。

合作过程维度包括建立信任、承诺和分享理解、面对面沟通等因素。推动型领导者是带领各方共同合作的关键要素，在设置和维持基础条款、建立信任、推动对话和促使双方获益等方面均发挥着关键作用。

合作治理一般模型将跨部门合作视为一个融合了沟通、信任、承诺、理解等动态要素的周期性互动过程，该模型还特别强调了领导者的重要性，尤其在建立和维持合作规则、建立信任、促进谈判、追求共同利益方面的突出作用。

8.3 结语

在全球化和网络化的背景下，跨域治理无疑是未来政府实施公共治理的改革方向。在相关的概念谱系中，无论是基于地理空间，还是跨越组织和行动者界限的治理概念，都揭示了跨域治理模式的共性特征，即治理环境的多组织、多中心和日趋增长的不确定性；治理主体的跨区划、跨组织、跨层级、跨公私界限特征，仍以公共部门为主导；治理过程的协同性，参与治理的行动者之间基于资源互赖和信任开展合作互动；治理机制的灵活性，运用多种沟通形式与弹性合作机制共同行动；

治理目标的问题导向性，参与主体合作起来，试图解决各组织面临的共性问题和公共危机事件。

已有文献提供了过程型、结构型、整合型三种分析跨域治理的不同框架。过程型模型倾向于把组织合作和跨域治理分为前后关联的阶段或环节，影响合作结果的是各阶段内含的多个变量，以及不同阶段之间的衔接程度。结构型模型侧重考察合作各方具有的特质，如结构嵌入性、权力配置、知识资本等，将其作为影响合作结果的变量。整合型模型则统合了前述两种视角，既把过程视为影响合作结果的重要维度，又在分析模型中纳入了许多反映合作各方结构特征的变量。

跨域治理就其实质而言，是多组织之间的合作与协同，无论运用何种概念，或是分析何种治理实践，都需要充分考量多个组织在合作治理中的角色，以及彼此之间存在的互赖性和互动行为。未来的研究需要关注跨域治理的组织间合作与协同的本质，通过整合现有模型中具有共性的维度，探讨运用多维度的综合框架，对国内跨域治理的实践进行经验分析，从而推动这一治理模式在中国公共管理中的应用，使之切实成为区域协调发展、改革全面深化的重要治理途径。

参考文献

1. 李广斌、王勇（2009）．长江三角洲跨域治理的路径及其深化．经济问题探索，5．

2. 林水波、李长晏（2005）：跨域治理．台北：五南图书出版公司．

3. 王佃利（2006）．城市管理转型与城市治理分析框架．中国行政管理．12．

4. 彭锦鹏（2005）．全观型治理：理论与制度化策略．政治科学论丛．3．

5. The UN Commission on Global Governance (1995). Our Global Neighborhood. OX: Oxford University Press.

6. Alter, C., & Hage, J. (1993). Organizations working together (Vol. 191). Newbury Park, CA: Sage Publications.

7. O'Toole (1997), Treating Networks Seriously: Practical and Research-Based Agendas in Public Administration, Public Administration Review 57 (1).

8. Berry, F. S., & Brower, R. S. (2005). Intergovernmental and inter-sectoral management: Weaving networking, contracting out, and management roles into third party government. Public Performance & Management Review, 29 (1).

9. Wright, D. S. (1990). Federalism, intergovernmental relations, and intergovernmental management: Historical reflections and conceptual comparisons. Public Administration Review, Vol. 50, No. 2.

10. Marks, G. (1996). An actor-centred approach to multi-level governance. Regional & Federal Studies, 6 (2).

11. Piattoni, S. (2009). Multi-level governance: a historical and conceptual analysis. European integration, 31 (2).

12. Gray, B., & Wood, D. J. (1991). Collaborative alliances: Moving from practice to theory. The Journal of Applied Behavioral Science, 27 (1).

第9章　政府与非营利组织关系：理论视角与互动模型

自20世纪80年代"全球结社革命"浪潮的兴起，政府与非营利组织的关系就引起了公众与学者的广泛关注，但二者间的互动在很大程度上被公众争论和学术研讨所忽略（萨拉蒙，2008：249）。近年来，随着政府职能结构的调整和社会管理体系的创新，新型治理模式下政府与社会组织的关系正发生着形变，国内外学者对政社关系的形成机理、作用模式、国际比较等研究日益增多。为更好地解释政府与非营利组织间广泛合作和频繁互动的内在逻辑，本章通过文献分析，在梳理国外学者对二者互动关系研究的思路及主要成果的基础上，进一步理解、探讨和展望政府与非营利组织关系的研究。

9.1　政府与非营利组织关系的理论视角

政府与非营利组织关系的理论阐释有很多研究成果，根据所关注层次的不同，可以大致概括为国家理论层面、组织理论层面和公共理论层面三大主要视角。国家理论视角基于国家与社会的概念展开，组织理论视角以不同组织、不同部门为出发点，而公共理论视角强调个体与群体间的关系。

9.1.1　国家理论视角下政府与非营利组织关系

国家理论建构在"国家－社会"框架之下，所要处理的是国家与社会的关系，因为对国家自主性的界定不同，国家理论的研究途径可以约略分为国家中心论与社会中心论。国家中心论强调国家的独立性和国家利益，但同时也高估了国家在公共领域上的能力，并忽视了政府失灵所可能导致的不公平后果。福利国家理论认为，公共服务应全由政府主导并负责，但这实际上将政府作为资金提供者和监督者的角色与作为服务提供者的角色完全混同，夸大了国家和政府的能力，而忽视了"第三方治理"的现实。社会中心论认为，国家本质是市民社会中各种压力和要求的消极反应，其中，多元主义认为存在多元化的利益团体，分散的权力也为集团间的相互竞争提供了条件，政府权力分散化和社会福利民营化为二者的合作创造了可能，但多元主义并未解决自由结社与中国社会建设乃至政治建设的关系，政府仍将采取更多的控制、垄断等手段以降低风险。而法团主义则认为，政府和非营利组织之间存在着组织依附关系，国家法团主义和社会法团主义分别代表了相互平等和社会受行政控制这两种国家与社会的关系，社会群体的发展和社会空间的扩张会使得国家与社会关系逐渐走向国家法团主义，但在我国仍缺乏必要的社会组织基础。此外，替代福利国家理论产生的第三方治理理论认为，政府与第三方执行者在很大程度上共享对公共资金支出和公共权威运用方面的裁量权，强调公共机构和私人机构之间的责任共享，以及公共部门和私人作用的混合。因而，在该理论中，政府应当扮演的是"资金和指导的提供者"，而非营利组织则充当的是"服务提供者"的角色，两者之间需要相互配合，以共同满足社会多元化的需求（Salamon，

1981；田凯，2003；崔开云，2010）。

9.1.2 组织理论视角下政府与非营利组织关系

组织理论是从组织分析的角度以组织与环境活动为基础揭示组织的生存机制、运作机制和关系模式。代表性的理论包括关注组织赖以生存资源的资源依赖理论以及关注组织功能失灵及补足情况的非营利部门理论。资源依赖理论下，政府与非营利组织因各自所掌握资源对对方的吸引而形成相互依赖以及不对等的依存关系，这在一定程度上可以解释政府与非政府组织关系的发生机制与发生方式，但资源的配置受制于制度的安排，因而也存在解释的局限性和在国情下适用的有限性。非营利部门理论认为，非营利组织的存在是为了弥补政府和市场以及合约的失灵，是满足公共服务需求的替代性，反应机制，但它过分强调了非营利组织对国家在提供公共服务上的替代性，却忽视了非营利组织自身也会产生失灵的事实，也没有预计到志愿组织与国家的有效合作。与传统的非营利组织理论不同，志愿主义失灵理论认为，非营利组织不仅出现在政府、市场或合约失灵的地方，在很多政府和市场运行良好的领域，非营利组织同样很活跃。在志愿主义机制所专长的领域中，若遇其无法处理之时，方为政府或市场机制介入的时机。志愿失灵理论为政府参与公共服务提供了依据，并使得政府有更充足的理由对提供服务的非营利组织给予支持和帮助。志愿部门的弱点正好是政府的长处；反之亦然。正因为非营利组织和政府在功能上的优势和不足，二者才需要相互依赖和合作，无论是志愿部门替代政府，还是政府替代志愿部门，都没有二者之间的合作有意义（郭薇等，2010）。

9.1.3 公共理论视角下政府与非营利组织关系

公共理论强调，运用公民的公共性解释非营利组织参与公共事务，进而与政府产生的互动关系。公民为促进公共利益而参与公共事务，并形成具有共同目标追求的社会群体。社群主义和公民参与理论为解释政府与非营利组织关系提供了又一视角。社群主义解释了政府与非营利组织既融合又分离、既合作又相互监督的关系，二者建构在共同的社群概念下，有着为追求公共善而相互合作的根基，同时，分属于权力内外的状态使得非营利组织因与政府相互分离而产生监督关系。以公民参与的观点而言，非营利组织与政府的互动关系存在于每一政策制定实施过程中，且因介入方式的不同与政府产生合作、冲突与监督等不同关系。同时，作为公益形态的非营利组织是实现公共利益的最佳参与机制，但也存在政府为树立权威而涉足非营利组织领域，从而导致公众参与空间被压缩的威胁的出现。

9.2 政府与非营利组织互动的关系模型

关于政府与非营利组织关系的分类学，绝大多数研究贡献是在宏观定性分析下提出的较为抽象的类型理论，基于不同研究视角和分类标准提出了不同的分类模式。通过对判定标准维度的区分，尝试性地将代表性的关系模型归纳为单一变量影响下的互动关系模式、双元变量影响下的互动关系模式及其他视角下的互动关系模式三类进行阐述。

9.2.1 单一变量影响下的互动关系模式

9.2.1.1 以志愿服务的类型为依据

克雷默根据志愿服务的基本特征、权力关系以及持续时间三个方面，将政府与非营利组织间的互动关系分为补充性、互补性与主体性三种模式（Kramer，1981：237）（见表9-1）。

表9-1　　　　　　　　政府-非政府组织互动关系

	补充性志愿服务	互补性志愿服务	主体性志愿服务
基本特征	延伸（提供）类似于政府的服务	与政府服务有着品质上的差异	提供政府所不提供的志愿服务
权力关系	不均衡：政府占据主导地位	政府与自愿组织间权力均衡	不均衡：志愿机构占主导地位
持续时间	基本上有时间限制，政府开始提供后便终止	长期提供，因为单独的政府供给是不可能的	不确定性，只要政府不提供服务就持续提供服务

资料来源：Kramer，1981：237。

20世纪90年代，克雷默等又将政府与非营利组织间关系模式区分为二元论与整体论（Kramer，1993：123）（见表9-2）。二元论模式认为政府部门与非营利组织间存在的是冲突、竞争的关系。整体论模式则认为政府部门与非营利组织是合作、合伙的关系，政府部门可通过非营利组织提供更多元的社会服务。实际上，对于多数国家来说，非政府组织与政府的关系应该是合作而非竞争（Wuthnow，1991）。

表9-2　　　　　　　政府与非营利组织关系的两种模式

二元论	整体论
竞争	合作

续表

二元论	整体论
冲突	合伙
依附原则	多元主义
形而上的	务实主义
市场	计划与协调
残补式（Residual）的社会福利	制度化的社会福利

资料来源：Kramer et al.，1993：123。

9.2.1.2 以政府干预的程度为依据

沃尔曼和拉里根据管制的严谨程度和组织的自主程度，将政府与非营利组织间的互动模式分为自由放任式（Laissez-fair）、民营化形式（Privatization）、倡导促进式（Promotion）、公私伙伴式（Partnership）、诱因诱导式（Inducement）、法令管制式（Regulation or Control）与政府所有式（Public Ownership）七种模式（Wolman，1984）。

其中，自由放任式是指政府允许私部门追求组织活动，避免过度干预（如法规、政策、制度）并借此达到最大社会净效益。民营化形式是指政府部门将其部分权力、角色、经营权及所有权，合法、有效地移转给私部门运作，通过竞争的方式激发经济效益与效能，并假定公部门的部分职能通过市场运作更有效率。倡导促进式，是指公部门借由提供公共设施以及教育训练等方式，促进私部门发展。倡导促进式假定政府改善基本条件能吸引私部门的经济活动。公私伙伴式，是指公私部门以合伙的方式合作达成互利，彼此为了共同目标而努力。诱因诱导式，是指公部门给私部门提供诱因，诱导私部门配合公共目标的达成。与公私合伙式不同的是，公私部门并没有共享彼此的目标，私部门仅为追求自身利益而配合公共目标的达成。法令管制式，是指公部门采取规范与管制私部门行为的方式，使其与公共目标相一致。政府所有式，是指公部门负担并执行原应由私部门执行的所有业务。

9.2.1.3　以权力与资源共享程度为依据

科纳汉根据权力与资源的共享程度，将政府与非营利组织间的互动关系分为合作型（Collaborative Partnerships）、操作型（Operational Partnerships）、奉献型（Contributory Partnerships）、咨询型（Consultative Partnerships）四种模式（Kernaghan，1993）。

其中，合作型模式通常被称为一种真正的权力分享型的伙伴关系，公私部门在合作的过程中各自拥有决定的自主权，这种类型的伙伴关系是一种超越协商的合作。双方在诸如资金、信息、劳动力等资源方面能各自放弃一些自主权以达成共享或兼容的目标。操作型模式下没有权力的分享，只有双方工作的分摊，所强调的重点是在操作层面的共同合作以达到相同或兼容的目标。绝大多数情况下，权力仍掌握在具有资源优势的一方，而这通常是政府部门。奉献型模式下公私部门间有一方愿意也乐意提供资源（通常是成立资金），但却不愿意介入公共服务的决策和运作过程，而完全任由另一方自主决定公共服务的活动。这并不是通常意义上的真正合作伙伴，因为他们之间不需要所有参与者在决策过程中有积极的作为，仅仅是资金上的投入并不足以代表成为合作伙伴。咨询型模式则是指公私部门间，拥有权力与资源的一方（通常是政府部门），经常因公共服务的需要而请求另一方提供专业政策咨询或特定技术知识协助的情形。

这四种类型并不是绝对隔离的，一些伙伴关系拥有多种类型的特点，一些伙伴关系可以从一个分类演变到另外一个分类，如咨询伙伴关系可以逐渐演变为合作伙伴关系。同时也不可避免地存在为拉拢或操纵不同利益相关者而建立的虚假伙伴关系,而这种关系通常是由公共部门建立的。

9.2.2 双元变量影响下的互动关系模式

9.2.2.1 以经费提供者和服务提供者为依据

吉德隆等根据服务的经费与授权和服务的实际提供两项指标,将政府与非营利组织间的互动关系区分为政府主导模式(Government-dominant Model)、双元模式(Dual Model)、合作模式(Collaborative Model)、非营利组织主导模式(Third-sector-Dominant Model)四种类型(Gidron,1992:18)(见表9-3)。

表9-3 政府-第三部门间关系模式

功能	模式			
	政府主导	双元	合作	第三部门主导
经费提供	政府	政府/第三部门	政府	第三部门
服务提供	政府	政府/第三部门	第三部门	第三部门

资料来源:Gidron et al.,1992:18。

政府主导模式和第三部门主导模式下,经费提供者和服务提供者为同一单一主体;双元模式下,经费以及服务的提供由政府与第三部门共同参与;合作模式下,经费的提供者和服务的提供者分别是政府与第三部门。这四种模式表现为竞争与合作两种关系,竞争关系下包括政府主导模式和非营利组织主导模式,合作关系下包括双元模式和合作模式。

9.2.2.2 以沟通往来程度及财务依赖与控制程度为依据

库恩勒和赛莱根据财务依赖与控制程度和沟通与交往程度两个指标,

将政府与非营利组织的互动关系归纳为整合依附型（Integrated Dependence）、整合自主型（Integrated Autonomy）、分离依附型（Separate Dependence）、分离自主型（Separate Autonomy）四种模式（Kuhnle，1992：30）。

按此分类，中国非营利组织与政府的关系主要有整合依附型和分离自主型两大类。其中，整合依附型是大部分官办非营利组织与政府的互动关系，主要表现为双方沟通相对频繁，且对政府产生严重依赖，受政府的控制。而分离自主型是"草根"组织与政府的互动关系特点，主要表现为与政府沟通相对较少，资金来源较为多元，且多来自国内外基金会和企业。两种关系也是动态变化的过程，随外部环境等因素的变化而变化（Kuhnle & Selle，1992）。

9.2.2.3 以所欲达成的目标和所偏好使用的策略为依据

纳贾姆提出的4C模式，将政府与非营利组织均假定为会考虑所处的情境（即目的与手段）来行动的策略选择者，根据所欲达成的目标和所偏好使用的策略分为合作（Cooperation）、吸纳（Co-optation）、互补（Complementarity）以及对立（Confrontation）四种模式（Wolch，1990：28）（见表9-4）。

表9-4　　　　　政府与非营利组织关系的4C模式

偏好策略（手段）		目标（目的）	
		相似	差异
	相似	合作	吸纳
	差异	互补	对立

资料来源：Najam，2000：383。

合作模式指政府与非营利组织通过沟通与互动，共同商议最佳的政策措施，再通过共同的执行来完成政策。合作常发生在，就某一个议题，政府与非营利组织分享共同的价值目标以及具有相同的手段时。吸纳模式指政府主观地认为通过资源的提供，便可以笼络非营利组织，使其改变目标来顺从政府的政策。对立模式指当政府与非营利组织之间在目标与策略呈现对立时，彼此间将形成对抗与敌对的关系。政府与非营利组织认为彼此间有着不同的价值目标以及相异的手段时会发生对立。对立的内涵包括政府强加压力于非营利组织、非营利组织公开与政府的政策对抗或抗拒即将推行的政策等冲突现象。

9.2.3　其他视角下的互动关系模式

9.2.3.1　以互动过程为依据

韦尔奇从国家与志愿部门的角度分析政府与非营利组织的关系，认为美国、英国的非政府组织与政府的关系可以用"影子政府"来概括，政体、国家资源分布、制度限制等因素都可能对双方关系产生影响（Wolch，1990：28）（见图9－1）。

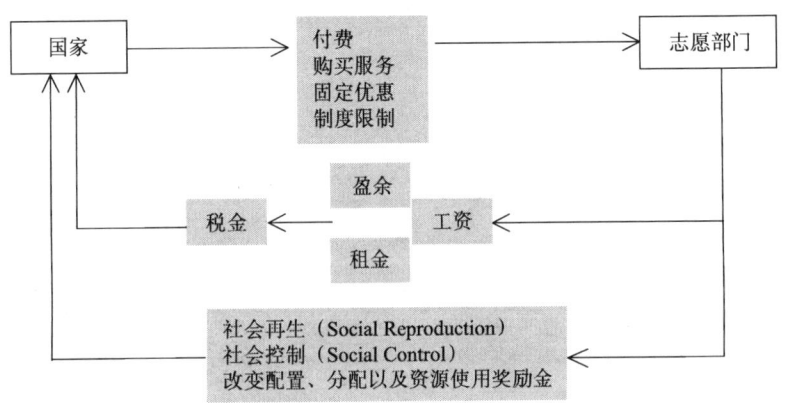

图9－1　国家－志愿部门关系模式

资料来源：Wolch，1990：28。

韦尔奇所构建的系统中，对于国家而言最重要的是志愿部门的直接服务产出，而非志愿部门工资中扣除租金等费用后盈余所形成的税金。志愿组织所提供的服务对劳动力的社会再生产非常重要，因为这些服务增加了集体物品的范围和供应的层次。同时，这些国家支持的服务或产品也有助于处理阶级矛盾和其他社会冲突，有助于维持社会稳定与和平。参与和劝募的输出会影响（但不是决定性的）国家税收、政策、各服务计划和土地使用的决策，尤其是那些会直接影响到志愿组织本身资源或参与者的事务。志愿团体劝募所花费的输出，会直接改变社会资源的分布、分配、使用状况，参与性的服务输出也可能通过使分歧的社会团体结合成一个主要的支配政治文化的力量，从而影响何种志愿团体活动能得到资源。

国家资源的分布本质上是契约以及福利系统模式的结果，国家作为各式各样资源的掌控者，有能力去指导甚至支配志愿部门如何使用资源，有时不惜改变分配和分布等机制来影响资源。面对制度化的约束，志愿团体可能会通过商品化的输出来取得稀缺资源，而不会采取劝募的方法。如果志愿团体持保守的态度，它将妥协于制度约束并提供直接的服务，而不会偏向于公众直接参与等较为积极的方式。随着志愿部门收入中政府资金的扩张和收缩，志愿组织也会相应地采取重要的内部转换，如选择商业化提供服务的方式、改变运营时间或者裁员等，这些策略将导致志愿部门形式的变更。

9.2.3.2 以对制度多元主义的态度等为依据

科斯顿根据政府对制度化多元主义的抗拒或接受程度、政府与非政府组织的联系、相对权力关系、正式化程度、政府对非政府组织政策的有利性以及其他特定类型特征等六个变量，将政府与非政府组织间的互动分为抑制（Repression）、对抗（Rivalry）、竞争（Competition）、签约（Contracting）、第三方治理（Third-party Government）、合作（Cooperation）、互补（Complementarity）、合产（Collaboration）八种可能的关系模式（Coston, 1998: 363）。

这一理论框架有利于阐明现存政策空间与非营利组织可能履行的职能之间的关系。例如，当政府与非营利组织关系以压制和敌对为主要特点时，非营利组织拥护政府和向政府发起挑战的选择空间就会很有限（詹少青等，2005）。事实上，这八种模式可以被归并为三种形态，即冲突形态、竞争形态以及合作形态。其中，竞争居于中间。也就是说，在政府与非营利组织的竞争关系中，既可能走向冲突，从而成为对抗或抑制的模式，也有可能走向合作，从而演化为合约、第三政府、合作、互补或合产等形态（虞维华，2005；田恒，2011）。

9.2.3.3 以理性选择理论为依据

扬通过理性选择理论来构建政府与非营利组织的混合互动关系，将其区分为补充性（Supplememtary）、互补性（Complememtary）和抗衡性（Adversarial）三种模式（见图9-2），并以美国、英国、以色列与日本来验证理论的应用性（Young, 2000: 167）。

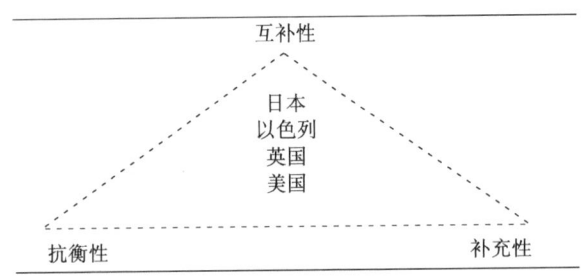

图9-2　政府-非营利组织关系混合模式

资料来源：Young, 2000: 167。

扬对不同国家的政府与非营利组织的互动关系的差异进行了对比分析（见表9-5）。研究表明，补充、互补、抗衡这三种模式随着非营利组织的演变而产生，且并存于任一历史时期。其中任一模式都无法充分解释某一国家的政府与非营利组织的关系，至于具体侧重于哪一种模式，则因各国情况而异（詹少青等，2005）。

表9-5　　　　　　　　　政府-非营利组织关系

国家/模式	补充性模式	互补性模式	抗衡性模式
美国	共和国初期以及20世纪晚期的私部门慈善事业；针对20世纪80—90年代福利计划收缩的慈善供给增长	20世纪60—70年代政府介入非营利组织以提供更广泛的公共服务；20世纪80—90年代通过服务外包的公共服务民营化	20世纪60年代政府限制基金会；20世纪60年代为改变公共政策的抗议运动；20世纪90年代政府努力限制非营利组织主张
英国	志愿提供战后福利国家没有涵盖的服务，如救生艇、咨询；应对20世纪90年代政府削减支出的志愿服务提供	应对20世纪80—90年代的私有化及福利服务削减，政府与志愿机构间的合同与伙伴关系	游说团体倡导战后福利国家贫困人民未保障的人权
以色列	国家形成之前的非营利服务提供；对非主流宗教和阿拉伯团体的非营利社会服务；20世纪70年代后的独立基金会	政府严格监督下的非营利健康服务；犹太机构作为政府资金筹措和外交代理而介入	始于20世纪70年代与青年、种族等其他问题相关的抗议和游说团体

续表

国家/模式	补充性模式	互补性模式	抗衡性模式
日本	20世纪初期慈善基金会的建立；第二次世界大战后非法人组织的增长；针对神户地震形成的志愿组织	20世纪30—40年代非营利组织被军事政府接管；20世纪80—90年代由政府部门成立或受政府部门严密监督的辅助性非营利组织	20世纪50—60年代和平与人权团体的出现

资料来源：Young，2000：166。

9.2.3.4　地方政府层面的互动关系模式

斯内夫利和德赛从政治、政策以及经济三个方面，归纳了政府与非营利组织间密切的互动关系（Snavely & Desai，2000：250）

政治方面，非政府组织帮助扩大经济和政治间的空间，通过组织化机制聚合有精力和资源的人以实现组织中的个人追求，满足社会服务特殊需求人员或促进受社会各界所关注的活动。非政府组织通常通过观点表达和政策倡导扮演压力团体的角色，与政府机构以及政策制定主体共同制定并实施公共政策。

政策方面，非政府组织能够通过有效地提供公共服务来影响公共政策制定。非政府组织以非营利的形式帮助政府提供公共服务，而地方政府提供公共服务大多出于公共安全的考量，部门各自的优缺点促成了政府与非营利组织在公共服务提供上的合作。为节省开支并保障政策有效实行，政府与非政府组织通过签约方式提供服务，或者政府直接向非政府组织提供津贴和补助金。同时，非政府组织也需要政府资金来达成它们的使命。

经济方面，非政府组织除了能够直接提供公共服务给消费者，它本身还创造工作机会，同时，它在当地所产生的开支反过来也会刺激工作岗位的创造。此外，它还能帮助提供就业培训、对工人进行技能培训、推动科技革新等。良好的发展不能单靠非政府组织的推动，也需要地方政府的积极鼓励与合作。基础设施的投资、低息贷款、放松特定建筑使用以及建设规则能够帮助非政府组织发展。地方政府与非政府组织的共同合作能对市场条件产生积极影响，从而鼓励私人部门的经济发展，这也将促进非政府组织和经济的发展。

9.2.3.5 国际与超国际层次的互动关系模式

布热和普鲁托将影响全球化的机制分为国际性非政府组织（International NGOs）、跨政府组织（International Organization）、国家地方非政府组织（National Local NGOs）、国家地方政府组织（National Local Governments）四类，再将四个机制之间的互动分为六种模式：国家地方政府组织与国家地方非政府组织之间的互动、国际性非政府组织与跨政府组织之间的互动、跨政府组织与国家地方政府的互动、国际性非政府组织与国家地方非政府组织之间的互动、国家地方非政府组织与跨政府组织之间的互动、国际性非政府组织与国家地方政府组织之间的互动（Bouget，2002）。

蒂根等人提出了全球化环境下的公、私、第三部门互动模式框架。他们认为，公共行政管理强调三个部门扮演合适的角色并发挥恰当的功能，三大部门在社会中是彼此相关的（Teegen et al.，2004：466）（见图 9-3）。每个行动者的模式都鲜明地体现了特定的角色特征和功能。在创造价值和治理社会时，来自三个部门中的行动者彼此会相互影响。社会运动的兴起和全球化趋势在挑战着国家主权，蒂根等人进一步将公、私以及第三部门关系模型放置于全球语境中（见图 9-4）。

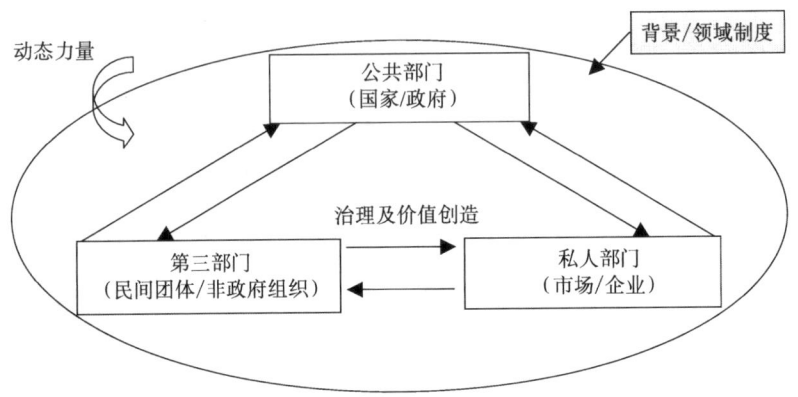

图 9-3　社会中的公部门、私部门以及第三部门

资料来源：Teegen et al.，2004：466。

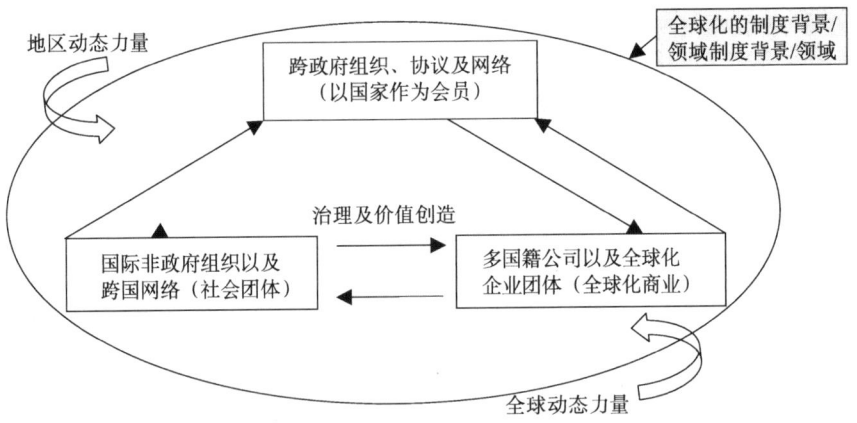

图 9-4　全球化环境下的公部门、私部门以及第三部门

资料来源：Teegen et al.，2004：470。

9.3 结语

影响政府与非营利组织关系模式的因素众多，不同的历史、政治结构以及理念下会形成不同的合作氛围，这构成了契约关系的传统。服务领域对合作的客观需求以及政府与非营利组织两大主体的合作意愿是构成合作的前提要素。公共服务经费的提供乃至非营利组织运营经费的来源在多大程度上依赖于政府，相互的沟通、交往程度，以及所追求的目标和所偏好使用的策略等因素都会影响最终的合作决策。在这一对关系中，由于政府的资源禀赋大大超过了非营利组织，在绝大多数情况下，政府占据了主导话语权，但政策导向、制度偏好等因素也会让其主动将更多权力赋予非营利组织这一良好的合作伙伴。而合作关系中的相对地位体现在权力、资源的共享程度，以及政府管制的严谨程度和组织的自主程度等方面。此外，政府的层级以及视域背景也是构建和分析政府与非营利组织关系的一个重要因素。

通过介绍和分析上述不同视角下政府和非营利组织关系的多样化模式，更为清晰和直观地呈现了二者的互动关系，为后继理论研究和实践探索提供了更为广泛的思路以及可供借鉴和启发之处。政府与非营利组织的关系理论是在西方国家市场经济发达和社会充分发展的背景下产生的，而我国非营利组织有着截然不同的历史、文化、社会生态环境。不同的历史与现实逻辑也使得国内未来对政府与非营利组织关系的研究应关注国外相关理论的适用范围和解释力度，在灵活借鉴的基础上开发原生性的关系模型。

参考文献

1. 萨拉蒙（2008）. 公共服务中的伙伴关系——现代福利国家中政府与非营利组织的关系. 田凯译. 北京：商务印书馆.

2. 田凯（2003）. 西方非营利组织理论述评. 中国行政管理，6：59－64.

3. 崔开云（2010）. 当下西方国家政府与非政府组织关系研究述评. 江淮论坛，6：38－44.

4. 郭薇、秦浩（2012）. 第三部门与政府关系研究述评. 党政干部学刊，3：81－85.

5. 卢磊、梁才林（2014）. 政府与非营利组织互动关系研究综述. 社会福利（理论版），6：59－63.

6. 詹少青、胡介埙（2005）. 西方政府－非营利组织关系理论综述. 外国经济与管理，9：24－31.

7. 虞维华（2005）. 非政府组织与政府的关系——资源相互依赖理论的视角. 公共管理学报，5：32－39.

8. 田恒（2011）. 政府与非营利组织关系研究述评. 上海商学院学报，6：50－55.

9. Salamon, L. M. (1981). Rethinking Public Management: Third–Party Government and the Changing Forms of Government Action. Public Policy, 29 (3): 255–275.

10. Kramer, R. M (1981). Voluntary Agencies in The Welfare State. Berkeley and Los Angeles: University of California Press.

11. Kramer, R. M & Lorentzen, H. & Pasquinelli, S. & Melief, W. B

(1993). Privatization in Four European Countries: Comparative Studies in Government – Third Sector Relationships. New York: M. E. Sharp.

12. Wuthnow, R (1991). The Voluntary Sector: Legacy of the Past, Hope for the future? Wuthnow, R. Between States and markets: the Voluntary Sector in Comparative Perspective Princeton: Princeton University Press.

13. Wolman, H. & Larry (1984), L. Concepts of Public – Private Cooperation. Cheryl, A. F. Shaping the Local Economic: Current Perspectives on Economic Development. Washington, D. C. International City Management Association.

14. Kernaghan, K (1993). Partnership and Public Administration: Conceptual and Practical Considerations. Canadian Public Administration, 36 (1): 57 –76.

15. Gidron, B. & Kramer, R. M. & Salamon, L. M (1992). Government and the Third Sector: Emerging Relationships in Welfare States San Francisco: Jossey – Bass, 1992: 18.

16. Kuhnle, S. & Selle, P (1992). Government and Voluntary Organizations: A relational perspective. Aldershot, Hants, England; Brookfield, Vt; Ashgate.

17. Najam, A (2010). The Four – C's of Third Sector – Government Relations: Cooperation, Confrontation, Complementarity, and Co – optation. Nonprofit Management and Leadership, 4: 375 –396.

18. Wolch, J. R. (1990). The Shadow State: Government and Voluntary Sector in Transition. New York: The Foundation Center, 1990.

19. Coston, J. M. (1998). A Model and Typology of Government – NGO relationships. Nonprofit and Voluntary Sector Quarterly, 27 (3):

358 -382.

20. Young, D. R (2000). Alternative Models of Government – Nonprofit Sector Relations: Theoretical and International Perspectives. Noprofit and Voluntary Sector Quartely, 29 (1): 149 -172.

21. Snavely, K. & Desai, U. (2000). Mapping Local Government – Nongovernmental Organization Interactions: A Conceptual Framework. Journal of Public Administration Research and Theory, 11 (2): 245 -263.

22. Bouget, D. & Prouteau L (2002). National and supranational government – NGO relations: anti – discrimination policy formation in the European Union. Public Administration and Development, 22 (1): 31 -37.

23. Teegen, H. & Doh, J. P & Vachani, S. (2004). The importance of nongovernmental organizations (NGOS) in global governance and value creation: an international business research agenda. Journal of International Business Studies, 35 (6): 463 -483.

第10章 地方政府跨域治理的 ISGPO 模型

在全球化、信息化等趋势的影响下,政府治理的环境日趋复杂,跨越了传统的国家疆界、行政区划和部门界限;政府治理的主体从单一的政府权威转变为更加多元的部门和组织。跨域治理既是公共管理理论研究的热点,在现实中也逐渐成为各国政府应对社会变革的有效治理模式,涌现出地方治理、大都市区治理等多种实践形态。在中国,自 1980 年行政性分权后,在区域经济由纵向运行系统向横向运行系统转变的过程中,出现了以邻为壑的地方本位主义和地方保护主义,由行政单元高度分割带来的空间管理破碎化问题,由此引发了与日俱增的跨域公共议题(李广斌等,2009)。建立健全跨域治理机制,寻求有效的跨域治理模式,是我国全面深化改革与推进国家治理现代化面临的一项重要课题。

10.1 跨域治理的概念与模型

跨域治理,是指两个或两个以上的不同部门、团体或行政区,因为彼此间的业务、功能或疆界相接及重叠而逐渐模糊,导致权责不明、无人管理与跨部门的问题发生时，公部门、私部门以及非营利组织的组合，通过协力治理、社区参与、公私合伙或契约协定等联络方式，解决难以解决的问题（林水波等，2005）。跨域治理尤其强调组织上的跨部门、地理上的跨行政区划、超越传统公私部门分野的伙伴关系，以及横跨各个政策领域的协力合作。

根据对"域"的不同理解，可把相关概念梳理为两类：一类是基于地理空间的跨域治理概念，把"域"理解为地理空间，侧重研究在某个特定的地理空间或行政区划内、政府之间、政府与其他非政府组织之间如何开展合作与治理；另一类则强调跨组织的跨域治理概念，把"域"理解为组织界限和不同的行动者，关注不同组织、行动者因为特定问题产生的合作与治理过程。基于特定地理空间的跨域治理，涵盖了城市治理、地方治理、大都市区治理、广域行政、区域治理与空间治理。强调跨组织的跨域治理围绕合作者之间的互动关系进行探讨，包含合作治理、伙伴关系、网络治理、府际管理、多层次治理、整体性治理等相关概念（申剑敏等，2015）。

跨域治理的过程型、结构型、整合型三类模型，分别提供了三种分析跨域治理的不同视角与方法，同时也揭示了多个影响跨部门合作和跨域治理的重要变量。过程型模型倾向于把组织合作和跨域治理分为前后关联的阶段或环节，影响合作结果的是各阶段内含的多个变量，以及不同阶段之间的衔接程度。结构型模型侧重考察合作各方具有的特质，如结构嵌入性、权力配置、知识资本等，将其作为影响合作结果的变量。整合型模型则统合了前述两种视角，既把过程视为影响合作结果的重要维度，又在分析模型中纳入了许多反映合作各方结构特征的变量。本章在分析借鉴相关理论的基础上，提出分析跨域合作与治理的 ISGPO 模型，包含初始条件（Initial Conditions）、结构（Structure）、治理（Governance)、过程(Process)、结果(Outcomes)五个维度(见图10-1)。

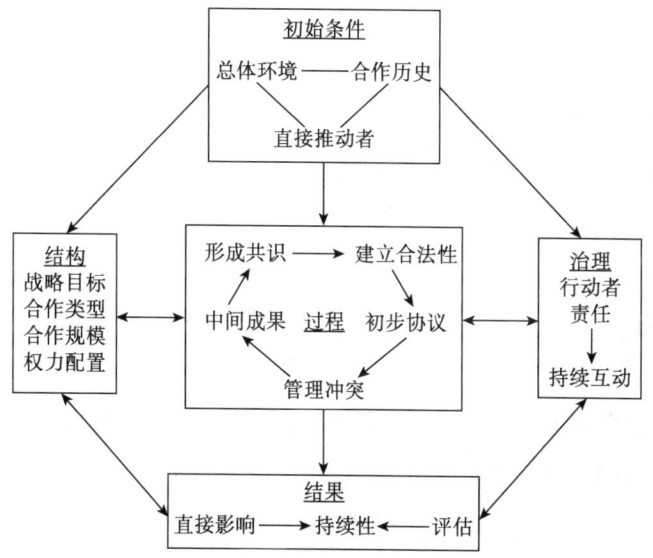

图10-1 跨域治理的 ISGPO 模型

资料来源:作者自行绘制。

10.2 跨域治理的初始条件

初始条件,是指促使合作和跨域治理发生的环境因素和情况,包含总体环境、合作历史、直接推动者三项变量。总体环境,是指与合作各方相关的特定环境因素和特征,包含了环境的不确定性、制度环境、组织互赖性等多方面因素。环境的不确定性来自于需求的不确定性、时间压力下工作任务的复杂性等(Hesterly & Borgatti,1997)。制度环境包含立法、规则、体制等方面的特征,以及来自外界的竞争压力等(Oliver,1990)。互赖性既来自组织共担资源与风险的需求(Alter & Hage,

1993），也来自于一方对另一方资源的需求（Gray & Wood，1991）。合作实质上是基于各自资源不足的自愿交换的关系形式。特定环境因素对合作动机的产生有直接影响，这种影响主要体现在，一些环境因素直接导致了合作发生，组织试图通过合作降低环境不确定性带给组织的成本。总体环境的复杂性和组织互赖性是合作产生的重要前提。

合作历史，是指在合作开始前已有的合作经历或是既有的工作网络（Ring & Van de Ven，1994）。合作历史可包含合作的成功经历、对抗历史，以及单个部门失败等因素。合作历史是合作开始和确保合作成功的重要条件，如果各方在合作前已经开展了双向的积极互动，成功的可能性就越大；之前单个部门独立解决问题的失败，或是合作失败的经历也会促进或制约合作行为。

直接推动者，是指在合作中起到直接推动作用的关键角色或组织，包括中间组织、具有合法地位的召集人、领导者等。他们的作用包括：把公众注意力引到需要合作的公共问题上，取得各方信任，并吸引利益相关者参与合作（Crosby & Bryson，1989），推动各方合作，特别是在设置基础条款、推动对话、促使各方获益等方面起到关键作用（Ansell，2008）。不论是何种类型的直接推动者，包括组织或领导者，都将显著影响合作的产生及其延续。直接推动者是组织合作启动并且维持的重要推动力。

10.3 跨域合作的结构与治理机制

10.3.1 跨域合作的结构维度

结构，是指在合作中特定的制度环境、权力配置和合作类型等内容，呈现出制约或支持合作开展的一系列静态特征，包括战略目标、合作类型、合作规模、权力配置四项变量。

战略目标，是指各方就合作活动共同达成的政策目标和公共价值取向，具体体现在合作目标的战略取向或目标契合度等内容。参与者对合作活动预期目标的契合度，即指各方在多大程度上达成一致；在战略目标的制定过程中，公共部门需要综合考虑包括公民、使用者、受益者、消费者等各方面顾客的需求。目标契合度与政府促成项目的能力相组合，决定了公私伙伴关系的具体类型和管理机制（巴希尔·玛祖兹，2010）。战略目标是影响政府合作类型的重要因素，同时目标设置对合作活动有直接影响。战略目标代表合作各方形成的共识程度，共识程度越高，合作越可能成功。

合作类型，是指在跨域治理过程中合作者组成的伙伴关系和合作网络的具体类别，可以根据合作目标、合作内容、合作紧密程度等进行划分。根据合作目标，可把合作网络分为信息型网络、发展型网络、延展型网络和行动型网络四种类型（Agranoff, 2006）。其中，在信息型网络中，参与者的目的是交流本部门的政策、项目、技术和潜在的解决方案；在发展型网络中，参与者旨在提高本部门和组织内政策执行的能力与资本；在延展型网络中，决策与执行仍由各部门决定，但参与者会一道讨论和交换相关资源；在行动型网络中，参与者一起调整政策，采取合作的行动并共同实施服务。根据合作内容，可把合作分为操作、政策和制度三个层次（Imperial, 2005）。其中，在操作性层面的合作中，组织间合作发生在宪政、集体行动所约束的结构内，这类合作广泛分布于公共服务当中；在政策制定层面的合作中，合作参与者开始分享知识、人力、财政等方面的资源，并联合发布工作计划，这一层面的合作增强、提升或者限制了操作层面的合作活动；在制度层面的合作中，合作参与者通过共同决策、联合立法、成立合作机构等方式，为操作层、政策层的合作提供制度化的程序、规则和政策保障。根据合作的紧密程度，可把合作和跨域治理类型分为网络、伙伴关系、联盟形式、整合四种类型（Sullivan，2002）。不同类型的合作对应不同的合作形式和治理工具。在网络型合作中，参与者之间组成了非正式的策略性伙伴关系；在伙伴关系的合作中，参与者通过行政契约、约定和协议等进行合作；在联盟形式的合作中，参与者组建都会联盟并让出部分自主性；在整合性的合作中，参与者通过合并和建立科层体制进行更深层次的合作。

合作规模，是指直接参与合作的主要成员数量和范围。成功的合作需要有好的包容性，好的合作网络必须纳入所有重要的利益相关者（Ansell & Gash，2008）；在衡量合作网络的好坏时，需要把包容度和代表性作为重要的判断标准（Leach，2006）。合作规模并非越大越好，必须考虑到合作成本的问题。通常，合作规模越大，需要的协调成本越高，治理难度也越大（Lake，1999）。特别是在组织合作处理突发性质的危机事件时，如果合作网络成员组织的数量越多，分散性也越突出，就会增加危机反应和协调的实际困难（Moynihan，2007）。合作规模也有可能制约合作行为，从而影响合作成效，适度的合作规模就有助于降低合作成本，提高合作有效性。

权力配置，是指在合作和跨域治理的结构中，合作者之间经协议确立的权力关系，即支配与被支配的问题。基于网络化结构的治理并非一种没有权威的治理模式，权力配置的集中程度、权力配置是否平衡等问题，与合作和治理的有效性密切相关。权力配置特征直接影响合作和跨域治理的有效性，在其他因素相同的情况下，合作网络通过某个核心机构得到整合的时候，效力比分散的权力结构要大。

10.3.2 跨域合作的治理机制

治理，是指出于维系合作的考虑，合作者之间开展的一系列协调和指导的行为。治理相对于更为静态的结构维度，强调合作参与者为实现预期目标进行沟通、协商和互动的过程，治理维度包括行动者、责任、持续互动三项变量。

行动者，是指合作网络和跨域治理行为的参与者，包括相关组织、群体或个人。行动者是跨域治理的主体，行动者在合作中采取的行为与其所处的层次有关。参与合作的行动者由不同层面的组织或个人构成，这些行动者各自的权责、能力和策略影响了合作的运行和成效。

责任，指行动者之间基于共识和信任，通过正式或非正式的方式明确各自权责和在合作中的义务。责任首先建立在利益相关者彼此信任的基础上。在已建立的合作和跨域治理网络中，责任包括正式的法律合作和非正式的心理契约，合作各方借助责任机制建立联系规则和治理结构；当彼此的信任不断增强时，非正式的心理契约将逐步取代正式契约（Ring & Van de Ven，1994）。明确责任是合作开始和维持的重要前提，责任是否清晰直接影响合作的最终成效。

持续互动，是指行动者基于各自责任开展合作、分享权力和参与决策的过程，体现了在跨域治理过程中，组织间的合作活动水平和合作强度。其中，合作活动水平是指参与者在合作过程中的互动水平，可包括横向与纵向的合作（Agranoff & McGuire，2001）；合作强度是指各方涉入对方工作和彼此互动的程度。根据合作强度与合作形式化（指合作规范化和制度化的程度）的程度高低及组合情况，可以把合作类型分为指定再分配、基于承诺的网络化、规范化的团队建设。三种类型的合作强度均呈现由低到高的分布状态（Nylén，2007）。

在政府为主体推动的合作中，涉及不同层面的府际关系，包括上下级政府之间的垂直府际关系、同级政府或同一政府内部部门之间的水平府际关系，以及政府与非政府组织的公私关系等。在一个时间跨度较长的合作和跨域治理实践中，可以根据行动者所处的不同层面，划分为垂直互动、水平互动、公私互动，以更清晰地考察不同行动者参与合作和互动的过程及其特征。持续互动是合作实现预期目标的必要条件，积极互动有助于合作的成功；行动者之间的互动关系随着合作的阶段性进展而发生变化。

10.4 跨域合作的过程与结果

10.4.1 跨域合作的过程

过程是分析跨域治理的核心维度，是指合作和跨域治理的具体进程。过程维度包括形成共识、建立合法性、初步协议、管理冲突、中间成果五项变量。

形成共识是合作开始的第一步，指就问题、合作目标、合作事项及责任义务等达成一致认识。形成共识包含了形成问题共识、建立信任和分享理解等内容。形成问题共识，是指各方对需解决的问题性质、复杂性、组织互赖性等达成认同，问题共识是合作网络形成的重要连接机制（Logsdon，1991）。信任是合作行为的润滑剂，体现了对合作的组织化能力及预期表现的信心，以及合作伙伴之间彼此的善意（Chen & Graddy，2005）。分享理解，是指在合作过程中，利益相关者就合作行动形成一致共识，随着理解的拓展和深化，合作成为一个合作的学习过程（Daniels & Walker，2001）。形成共识是合作开展的重要前提，在合作过程中如果能不断强化共识，合作越有可能成功。

合法性是指合作符合现有制度框架的认可，也获得合作参与各方在组织上的一致认可。狭义的合法性是指程序合法，合作确定了内容上的包容性、与合作网络相关的基础规则，以及过程透明性等方面的制度规定（Donahue，2004）。广义的合法性涵盖了合作形式、实体和互动机制等多个层面的含义。其中，建立形式合法性的目的是吸引内外部的支持和资源；实体合法性通过实体机构得到体现，表明合作进一步被内部和外部组织所认同；互动机制的合法性则是通过形成协商等机制，在成员间建立信任（Bryson Crosby，2006）。合法性是保障合作开展的重要前提，合法性的建立贯穿了整个合作过程。合法性有助于增强合作各方对跨域治理行动的信心和预期，当合作网络建立了多个层面的合法性时，合作取得成功的可能性就大。

初步协议，是指各方在合作初期签署的各类正式协议和非正式协议，它们规定了合作目标、授权、义务、指定领导人、成员种类、决策结构、弹性机制等具体的合作内容（Bryson Crosby，2006）。初步协议在内容上可分为正式协议或非正式协议，正式协议在支持责任和义务方面的优势更加明显。同时由于各方对目标职责的清晰理解是在合作过程中产生的，非正式协议也尤为重要。初步协议的形式和内容将影响合作结果（Donahue，2004）。另外，初步协议必须随着进程调整，以便囊括地理上更为分散的合作者，或在同一问题领域内分散的行动者（Kastan，2000）。合作各方形成清晰的初步协议有助于合作的开展，协议内容应当根据具体进展进行调整。

管理冲突，是指对合作各方之间的冲突或潜在冲突进行管理的技巧和策略。相当多文献探讨了在合作和跨域治理过程中发生的或潜在的冲突类型及其起源，引发冲突的原因主要来自合作者本身、权力失衡、制度逻辑、合作类型、突发事件五个方面。由于合作者各自组织性质和对问题的认识，会给合作不同的目标和预期（Gray，1996）。伙伴之间的权力、地位、资源等如果不平衡，会导致彼此不信任和潜在冲突（Huxham& Vangen，2005）。合作各方在宏观层面的历史模式，无论是象征性的或是具体内容，无形中影响了对合作行为的理解，进而影响了共识程度。不同类型合作的冲突水平不一致，如果合作目标是为推进体系变革而非服务递送时，冲突水平将更加强烈（Bolland & Wilson，1994）。不可预期的突发事件会带来合作者之间的冲突（Simo & Bies，2008）。冲突在合作和跨域治理过程中是不可避免的现象，冲突管理水平影响跨域治理的成效。有效的冲突管理方式对合作和跨域治理有着积极影响，在不同类型的合作中，需要运用不同的管理技巧和策略。

中间成果，是指在合作和跨域治理期间产生的小胜利和阶段性成果。取得中间成果被视为合作过程的一个必要环节，意味着离合作的预期目标更近一步，有助于增强彼此信任，促进合作的持续开展（Ansell，C.，& Gash，2008）。取得中间成果是确保合作实现预期目标的必要环节，如果在合作过程中不断取得进展，合作维持与成功的可能性就更大。

10.4.2 跨域合作的结果

结果是分析合作和跨域治理的最后一个维度。结果维度包括直接影响、评估、持续性三项变量。直接影响是指合作实现的直接成效，或达到预期目标的实际程度。研究中对直接影响有狭义和广义的不同理解。其中，广义上的直接影响是指对合作涉及的不同利益相关者产生的多层面影响，如以欧盟地区的多层次治理为例，可以从政治动员、政策制定、政体变革三个层面对治理效果进行评估（Marks，1996）。狭义上的直接影响仅仅是合作和跨域治理产生的第一或直观层面的结果，包括各方达成的协议、创新战略等（Bryson & Crosby，2006）。

评估是指对通过组织合作开展的跨域治理工作进行成效评定。由于跨域治理涉及多个领域和不同层面，一些研究主张，需要就合作和跨域治理过程进行"全景"式的整体评估，综合评价合作过程的包容性、透明度、公平性、合法性、授权等各个要素（Leach，W. D，2006），以及合作对不同层面的多重影响（Milward & Provan，2001）。定期重估是评价合作弹性的另外一种有效做法，即衡量合作活动是否具有灵活应变的特征（Bryson & Crosby，2006）。一个完整的合作和跨域治理过程必须包含评估环节。由于合作活动会产生多个层面的影响，有效评估需要从整体上评价合作过程及其结果。

持续性是指合作产生的更高层面和更加深远的影响和价值。与直接影响相比，持续性通常发生在正式的运作之外，包括发展新的伙伴、实现更长远的共同进步和新的合作产生等（Innes，J. E.，& Booher，1999）。同时，合作的持续性还被视为一种公共价值，它体现了合作的真正意义（Moore，1995）。当合作建立在个体和组织的利己主义、每个部门的特定优势基础上，同时又能发现克服和弥补个体不足的基础上时，合作最能创造出公共价值（Bryson & Crosby，2006）。合作和跨域治理的成效不仅仅包括短时期内的直接影响，具有持续性是合作成功的更为重要的标志。持续性体现了合作与跨域治理的长远效应，应当把持续性纳入合作整体评估的内容中。

10.5 结语

在公共管理领域中，跨域治理无疑是一个极具理论深度和实践价值的议题。在我国全面深化改革的背景下，推进国家治理体系和治理能力现代化成为新的全局性发展战略。在这一视野下，地方政府治理模式面临转型和升级，急需从单边行政向跨区域、跨部门、跨组织的跨域治理转变。如何针对跨域公共事务，在中央与地方府际关系、地方政府间关系、政府机关与社会关系、政府机关与企业组织关系的演化时序过程中，透过跨层次整合与战略互动关系，共同强化彼此服务的意义与目标，在取得相互认同的管理方式上，共商跨域公共事务的解决之道是地方政府跨域合作与治理的未来发展方向。

在全球化和网络化的背景下，跨域治理无疑是未来政府实施公共治理的改革方向。跨域治理就其实质而言，是多组织之间的合作与协同，无论运用何种概念，或是分析何种治理实践，都需要充分考量多个组织在合作治理中的角色，以及彼此之间存在的互赖性和互动行为。跨域治理涵盖了组织单位中的跨部门、地理空间上的跨区域、跳脱公私分野的伙伴关系以及横跨各政策领域的专业合作。跨域治理应超越传统的科层治理与市场治理结构，采用介于二者之间的网络治理模式。

就本体论而言，网络治理横跨政府组织、企业组织与非政府或非营利组织三大部门领域。三个部门的互动关系密切，政府处在一网络系统下，同时与许多非政府组织发展网络关系。由于政府拥有的资源是有限的，政府应重视非政府组织的角色、功能及其拥有的广大资源；政府应能有效利用社会团体的资源，与企业组织、非营利组织等非政府组织共同参与，为社会提供更多元丰富的公共服务（朱春奎，2011）。基于上述网络治理的理念，跨域合作与治理需要超越当前学术界对区域一体化"没有政府的治理"与"没有治理的政府"的争论，以更深入地理解和研究多区域合作与多区域创新互动等问题。

参考文献

1. 李广斌、王勇（2009）．长江三角洲跨域治理的路径及其深化．经济问题探索，5：16—22．

2. 林水波、李长晏（2005）．跨域治理．台湾：五南图书出版公司，2005．

3. 申剑敏、朱春奎（2015）．跨域治理的概念谱系与研究模型，北京行政学院学报，4：16—22．

4. 巴希尔·玛祖兹（2010）．公私合作伙伴关系面临的议题、挑战和风险，国家行政学院学报，6：123—127．

5. 朱春奎（2011）．蓝色经济区自主创新体系建设的治理模式与战略对策．东方行政论坛，1．

6. Jones, C., Hesterly, W. S., & Borgatti, S. P. (1997). A General Theory of Network Governance: Exchange Conditions and Social Mechanisms, Academy of Management Review, 22 (4): 911 –945.

7. Oliver, C (1990). Determinants of Interorganizational Relationships: Integration and Future 1990Directions, Academy of Management Review, 15 (2): .241 –265.

8. Alter, C., & Hage, J (1993). Organizations Working together, Vol. 191, Newbury Park, CA: Sage Publications.

9. Gray, B., & Wood, D. J. (1991). Collaborative Alliances: Moving from Practice to Theory, The Journal of Applied Behavioral Science, 27 (1): 3 –22.

10. Ring, P. S., & Van de Ven, A. H. (1994). Developmental Proces-

ses of Cooperative Interorganizational Relationships, Academy of Management Review, 19 (1): 90 -118.

11. Bryson, J. M., Crosby, B. C., & Stone, M. M (2006). The Design and Implementation of Cross - Sector Collaborations: Propositions from the Literature, Public Administration Review, 66 (s1): 44 -55.

12. Crosby, B. C., & Bryson, J. M (1989). Leadership for the Common Good: Tackling Public Problems in a Shared - power World, Vol. 264, Jossey - Bass, 2005; Gray, B., Collaborating: Finding Common Ground for Multiparty Problems, Vol. 329, San Francisco: Jossey - Bass, 1989.

13. Ansell, C., & Gash, A. (2008). Collaborative Governance in Theory and Practice, Journal of Public Administration Research and Theory, 18 (4): 543 -571.

14. Agranoff, R. (2006). Inside Collaborative Networks: Ten Lessons for Public Managers, Public Administration Review, 66 (s1): 56 -65.

15. Imperial, M. T (2005). Using Collaboration as a Governance Strategy Lessons from Six Watershed Management Programs, Administration & Society, 37 (3): 281 -320.

16. Sullivan, H., & Skelcher, C (2002). Working across Boundaries: Collaboration in Public Services, NY: Palgrave.

17. Ansell, C., & Gash, A. (2008). Collaborative Governance in Theory and Practice, Journal of Public Administration Research and Theory, 18 (4): 543 -571.

18. Leach, W. D. (2006). Collaborative Public Management and Democracy: Evidence from Western Watershed Partnerships, Public Administration Review, 66 (s1): 100 -110.

19. Lake, D. A., A Relational Contracting Approach, Prakash, A., & Hart, J. A (1999). (Ed.), Globalization and Governance, Vol. 1, NY: Routledge.

20. Moynihan, D. P., & Pandey, S. K. (2007). The Role of Organizations in Fostering Public Service Motivation, Public Administration Review, 67 (1): 40 −53.

21. Ring, P. S., & Van de Ven, A. H (1994). Developmental Processes of Cooperative Interorganizational Relationships, Academy of Management Review, 90 −118.

22. Agranoff, R., & McGuire, M. (2001). Big Questions in Public Network Management Research, Journal of Public Administration Research and Theory, 11 (3): 295 −326.

23. Nylén, U (2007). Interagency Collaboration in Human Services: Impact of Formalization and Intensity on Effectiveness, Public Administration, 85 (1),: 143 −166.

24. Logsdon, J. M (1991). Interests and interdependence in the formation of social problem −solving collaborations, The Journal of applied behavioral science, 27 (1): 23 −37.

25. Chen, B., & Graddy, E. A (2005). Inter −organizational Collaborations for Public Service Delivery: A Framework of Preconditions, Processes, and Perceived Outcomes, In ARNOVA Conference, (17): 19.

26. Daniels, S. E., & Walker, G. B. (2001). Working through environmental conflict: the collaborative learning approach, NY: Praeger Publishers.

27. Donahue, J. D (2004). On collaborative governance. Cambridge, MA: Harvard University Press.

28. Kastan, J. (2000). School – based mental health program development: A case study of interorganizational collaboration. Journal of health politics, policy and law, 25 (5): 845 -862.

29. Human, S. E., & Provan, K. G. (2000). Legitimacy building in the evolution of small – firm multilateral networks: A comparative study of success and demise, Administrative Science Quarterly, 45 (2): 327 -365.

30. Donahue, J. D. (2004). On collaborative governance. Cambridge, MA: Harvard University Press.

31. Kastan, J. (2000). School – based mental health program development: A case study of interorganizational collaboration, Journal of health politics, policy and law, 25 (5): 845 -862.

32. Gray, B (1996). Cross – sectoral partners: Collaborative alliances among business, government and communities, Creating collaborative advantage, 57 -79.

33. Huxham, C., & Vangen, S (2005). Managing to collaborate: The theory and practice of collaborative advantage, NY: Routledge.

34. Bolland, J. M., & Wilson, J. V. (1994). Three faces of integrative coordination: a model of interorganizational relations in community –based health and human services, Health services research, 29 (3): 341.

35. Simo, G., & Bies, A. L. (2007). The Role of Nonprofits in Disaster Response: An Expanded Model of Cross – Sector Collaboration, Public Administration Review, 67 (s1): 125 -142; Scholtens, A. (2008), Controlled collaboration in disaster and crisis management in the Netherlands, history and practice of an overestimated and underestimated concept, Journal of Contingencies and Crisis Management, 16 (4): 195 -207.

36. Ansell, C. , & Gash, A. (2008). Collaborative governance in theory and practice, Journal of public administration research and theory, 18 (4): 543 -571.

37. Marks, G. (1996). An actor-centred approach to multi-level governance Regional & Federal Studies, 6 (2): 20 -38.

38. Leach, W. D. (2006). Collaborative public management and democracy: Evidence from western watershed partnerships, Public Administration Review, 66 (s1): 100 -110.

39. Milward, H. B. , & Provan, K. (2003). Managing the hollow state Collaboration and contracting, Public Management Review, 5 (1): 1 -18.

40. Innes, J. E. , & Booher, D. E. (1999). Consensus building and complex adaptive systems: A framework for evaluating collaborative planning, Journal of the American Planning Association, 65 (4): 412 -423.

41. Moore, M. H (1995). Creating Public Value: Strategic Management in Government. MA: Harvard University Press.

42. Bryson, J. M. , Crosby, B. C. , & Stone, M. M. (2006). The Design and Implementation of Cross-Sector Collaborations: Propositions from the Literature, Public administration review, 66 (s1), 2006, pp. 44 -55.

第11章 长三角城市群地方政府跨域合作与治理研究

建立健全跨域治理机制，寻求有效的跨域治理模式，是我国全面深化改革与推进国家治理现代化面临的一项重要课题。在中国，自1980年行政性分权后，在区域经济由纵向运行系统向横向运行系统转变的过程中，出现了以邻为壑的地方本位主义和地方保护主义，由行政单元高度分割带来的空间管理破碎化问题，引发了与日俱增的跨域公共议题（李广斌等，2009）。我国地方政府也在积极探索行之有效的区域治理模式，特别是改革开放以来，随着区域经济一体化的加速发展，长江三角洲地区成为经济社会发展最快的重要增长极，同时也面临越来越多的跨越行政区划的问题，需要各地方政府加强合作，探索有效的跨域治理模式和机制。本章旨在聚焦长三角城市政府合作，从初始条件、结构、治理、过程、结果五个维度出发，系统分析以长三角协调会为主要载体的城市政府合作和机制。

11.1 跨域治理：长三角区域协调发展的新模式

20世纪80年代以来，长三角地区在中央政府推动下开展了以经济联合为重点的区域合作。以 1992 年长三角 14 个城市政府的协作办（委）负责人成立联席会议为起点，根据 20 多年来长三角城市政府合作的方式与重心变化，大致可把合作划分为沟通交流（1992—1996 年）、专题合作（1997—2003 年）、跨域联动（2004 年迄今）三个阶段。

11.1.1 沟通交流阶段

长三角城市政府间的合作以建立沟通渠道和部门交流为主要内容。1992 年 5 月，上海、南京、杭州等城市政府协作办公室负责人牵头成立长三角协作办（委）主任联席会议，成员包括上海、南京、杭州、无锡、苏州、扬州（当时泰州尚未从扬州分出）、南通、常州、镇江、宁波、舟山、绍兴、无锡、湖州、嘉兴等城市。期间，成员城市共举办了 5 届协作办（委）主任联席会议，借助定期会晤机制，加强在经济、贸易等方面的信息交流，但还未开展太多实质性的合作。

11.1.2 专题合作阶段

城市政府之间主要通过专题形式推动合作。1997 年 4 月，原先的协作办（委）主任联席会议升级为市长级联席会议，更名为长三角城市经济协调会，在扬州举行第一次会议，吸纳江苏泰州入会。1999 年 5 月举行的协调会第二次会议上，首次明确今后以专题形式推动城市合作，确定了科技、国企改革与资产重组、建立合作信息网、旅游商贸四项合作专题。1997 年至 2003 年，成员城市通过 9 个专题推动了多个领域的实质性合作，并于 2003 年把浙江台州列为会员，范围涵盖了长三角地区 16 个核心城市。

11.1.3 跨域联动阶段

长三角协调会设立办公室作为城市政府合作的实体运作机构,专题合作的覆盖面进一步扩大,城市政府进入了范围更广的跨域合作与协调发展的新阶段。期间,协调会分别于 2010 年、2013 年扩容,先后吸纳了合肥、盐城、马鞍山、金华、淮安、衢州、徐州、芜湖、滁州、淮南、丽水、温州、宿迁、连云港等城市成为协调会成员,成员城市扩容至 30 个。

11.2 长三角城市政府合作的初始条件

11.2.1 总体环境

组织合作的直接动因源于对资源与风险共担的需求(Alter & Hage,1993),同时也源于对彼此既有资源的强烈需求(Chen & Graddy,2005;Gray,1989;Gray & Wood,1991;Thomson,2001)。总体环境的复杂性和组织互赖性是合作产生的重要前提。长三角城市政府合作环境体现在城市群的空间布局、经济规模和产业结构等方面,各城市在空间布局上高度集聚;总体经济规模在全国位居前列,但也面临保持领先地位的区域竞争压力。这些环境因素体现出长三角区域一体化环境的复杂性。同时,由于地缘相近、人文相通,以及区域内各城市在经济增长速度、产业结构、所有制格局等方面的差异和互补,城市之间存在较高的经济依存度和互赖性,这些环境因素促使城市政府通过自发建立区域合作组织,寻求合作与共同发展的机会。

11.2.2 合作历史

长三角地区合作历史可追溯至新中国成立初期,中央政府采取刚性的行政手段推动区域政府合作(陶希东,2010)。1982年至1988年的上海经济区,是中央直接推动下开展的区域一体化探索。上海经济区被视为较早的长三角经济圈的雏形,带有很强的试验性质。在经济区规划办公室成立之初,国务院在有关会议上强调了成立经济区的原因和主要任务:一是解决条块矛盾,解放生产力;二是走依靠中心城市的路子;三是成立规划办,专门进行研究工作;四是强调规划办的试验性质。通过试验,在全国逐步形成以大中城市为依托,不同规模的网络型经济(李立军,2008)。上海经济区成立之后,按照"统一规划、择优发展、经济联合、建制不变"的原则,主要推行了区域规划、经济联合两项工作。1988年,原国家计委发文撤销上海经济区规划办公室。总体而言,改革开放之前的长三角地方政府合作,特别是依托上海经济区开展的各项合作,具有两个明显特征:

第一,主要依赖中央推动与行政手段进行合作,是典型"自上而下"的合作模式。从管理体制来看,在每一阶段中,中央都会成立跨区域的行政机构履行规划和协调职责,如在1961年成立华北、东北、华东、中南、西南、西北六个党的中央局;在上海经济区运作期间,国家计委等部委负责同志同时也是经济区规划办公室的主要成员。

第二,合作范围与之后相当长时期内长三角地区的合作范围大致相当。1958年的六省一市(上海、江苏、浙江、山东、福建、江西、安徽)、1970年的三省一市(上海、江苏、浙江、安徽)、上海经济区期间的四省一市(上海、江苏、浙江、安徽、江西)等,包括了以上海为中心地缘相近的行政区划。这一合作范围在1990年之后没有太大调整,之后关于长三角是否扩容的争论,基本上仍然保持在这一范围之内。

11.2.3 直接推动者

直接推动者是组织合作开始并得以维持的重要推动力。长三角城市政府合作的直接推动者是江浙沪皖省级政府、有关城市合作部门,他们策划并启动了以长三角协调会为载体的城市政府合作。

上海经济区撤销后,中央政府没有继续通过行政性手段来推动长三角地区的区域合作事项。1992年10月,中共中央第十四次代表大会报告指出,以上海浦东开发开放为中心,进一步开放长江沿岸城市,尽快把上海建成国际经济、金融、贸易中心之一,带动长江三角洲和整个长江流域地区经济的新飞跃。这一提法标志着长三角经济圈的概念在国家宏观管理层面逐步形成。

上海等城市的政府协作部门是长三角协调会建立的直接推动者。1992年4月,由上海牵头,南京和杭州协助,加上江浙两省12个地级市的合作部门,共同成立长三角协作办(委)主任联席会议。当时参与筹办联席会议的工作人员谈及建立联席会议的动机时说,20世纪80年代成立的长江沿岸中心城市经济协调会和南京经济区两个"一大一小"的区域经济合作组织,都不能覆盖另一个正在崛起的经济区域长三角,作为合作部门,有必要成立一个覆盖长三角经济区的区域性合作组织(胡雅龙,2010)。长三角协调会从建立伊始,就是一个自下而上的地方自发合作的过程。

11.3 长三角城市政府合作的结构分析

11.3.1 战略目标

战略目标反映了合作各方对于合作在问题、内容等方面形成的共识，以及合作活动的战略取向（Aranoff，2006；巴希尔·玛组兹，2010）。随着目标的逐步明确，合作得以不断拓展和推进。由于长三角城市政府合作是一个较长的过程，在不同阶段中，结构方面的变量随阶段进展不断变化。从最初沟通交流阶段单纯的部门合作，扩展到城市间的合作与联动发展，并逐步对接国家的区域发展政策。

在沟通交流阶段，各个城市的协作办主任显然没有就联席会议的作用达成一致认识，也没有积极的战略取向，长三角协作办（委）主任联席会议在成立之初没有形成合作协议或宣言，只是创造了信息交流沟通平台。因此，这一阶段的合作目标并不明确。协作办（委）主任联席会议讨论和交流的重点基本上与国家区域政策导向一致，侧重经济联合与企业合作。

在专题合作阶段，长三角协作办（委）主任联席会议于1997年升级为市长级联席会议，正式更名为长三角城市经济协调会。在当年第一次会议制定的《长江三角洲城市经济协调会章程》（以下简称《协调会章程》）中，首次明确协调会作为长三角区域合作组织的目标定位，"推进和加强长江三角洲地区城市间的交流与合作，促进长江三角洲地区的联动发展"。会议纪要同样反映了会员城市对于协调会战略目标的共识，提出"将由分散、自发、民间形式逐步走向政府规划指导下进行的形式，这将有利于国务院的统筹规划，有利于贯彻优势互补、互惠互利、联合发展、共同繁荣的方针,把长江三角洲建设成为我国经济最发达的地区之一",协调会在目标定位中强调了与国家区域发展政策的契合。

在跨域联动阶段,城市政府合作的战略目标经历了进一步调整,主要体现在与同一时期国家宏观层面的指导方针相互衔接。2004年长三角协调会第五次会议、2007年协调会第八次会议中,根据同时期国家区域政策的总体要求,分别修改了《协调会章程》中的基本宗旨。在第五次会议通过的修改草案中,增加了落实党的十六届三中全会精神的内容,在基本宗旨中增加了"树立和落实科学发展观和坚持'五个统筹'的要求","以立足于增强区域经济的国际竞争力,以优化发展环境为重点,进一步拓展合作领域,完善合作机制,提升合作水平,协调和推动长江三角洲地区区域经济的联动发展,为率先全面建设小康社会,率先基本实现现代化做出积极的贡献"。

在协调会第八次会议通过的修改草案中,增加了落实党的十七大精神的内容,协调会基本宗旨调整为"贯彻落实国家区域发展战略,立足于显著增强区域的综合实力、创新能力、可持续发展能力和国际竞争力,深化改革,扩大开放,坚持率先发展、科学发展"。

11.3.2 合作类型

合作类型反映了合作和跨域治理的具体内容。根据合作的紧密程度,可分为网络、伙伴关系、联盟形式、整合四种合作形态(Sullivan & Skelcher, 2002)。在网络型合作中,参与者组成非正式的策略性伙伴关系;在伙伴关系的合作中,参与者通过行政契约、约定和协议等开展合作;在联盟形式的合作中,参与者组建都会联盟并让出部分自主性;在整合性的合作中,参与者通过合并和建立科层体制进行更深层次的合作。在长三角城市政府合作的三个阶段中，合作类型明显呈现出扩展和深化的态势，从侧重沟通交流的网络阶段，逐步发展到合作更加紧密的伙伴关系、联盟以及具有科层特征的整合结构阶段。

在沟通交流阶段，城市政府之间通过定期会晤交流城市发展情况，增进对于区域合作的共识，因此属于网络型的合作。在专题合作阶段，长三角协调会成员作为协议主体签署了旅游合作的《杭州宣言》、信息合作联席会议、知识产权开发联盟共同宣言等多边协议，在相关协议中承诺建立定期会商机制，交换共享信息、人才、市场等资源，加强行业和市场的联合监管等，表明这一阶段已经进入以伙伴关系和联盟为主的合作类型，各方合作的紧密程度进一步增强。在跨域联动阶段，长三角协调会建立了协调会办公室作为实体机构，办公室职责与人员组成逐步完善，已具有初步的科层特点，属于整合型的合作类型。如通过《协调会章程》的多次修改，完善了长三角协调会推进城市政府合作的组织架构，在协调会第五次会议修改的《协调会章程》中，决定在办公室内设工作组；第六次会议修改的《协调会章程》将工作组改为联络、财务、专题等分工明确的不同部门；第八次会议修改的章程进一步明确了协调会办公室的议事形式。在第八次会议后，长三角协调会办公室划分为决策层、职能层和事务层，根据明确的工作规则推进城市政府合作事项。

11.3.3 合作规模

合作规模，是指直接参与合作的主要成员数量和范围，反映的是合作的包容性问题（Ansell & Gash，2008）。合作规模制约并影响合作行为及其成效，适度的合作规模有助于降低合作成本；随着合作的发展，合作规模可能呈现不断扩展的趋势。长三角城市政府的合作规模在不同阶段有所变化，协调会会员城市从最初沟通交流阶段的 14 个城市，逐步拓展到跨域联动阶段的 30 个城市，突破了地理意义上的"长三角"地区，拓展到包括安徽在内的"泛长三角"地区。但与上海经济区时期的四省一市相比，长三角协调会的成员仍然保持相对较小的规模，对于扩容也持非常谨慎的态度。

在最初的沟通交流阶段，按照最初发起联席会议的有关部门（上海、南京、杭州三地合作部门）设想，联席会议必须涵盖上海经济区时期的地理范围，即三省市内的 10 个城市。在汲取科研机构关于长三角地理划分的意见后，后来又增加了与 10 个城市联系紧密的周边 4 个城市，即南京、扬州、镇江和舟山。1992 年成立长三角协作办（委）联席会议时，共包括 14 个城市的协作部门。这一规模的界定与当时国务院对于长三角经济圈的认识是一致的，在 1992 年国务院举行的长三角沿海及沿江地区规划座谈会上，会议讨论框定的"长江三角洲"范围，就包括了上述 14 个城市。

合作规模在进入专题合作阶段后逐步扩展。1996 年，江苏泰州从扬州市划出，由县级市升级为地级市。1997 年，长三角协调会根据行政区划的调整情况，在当年举行的第一次会议上决定纳入泰州。2003 年举行的长三角协调会第四次会议决定纳入浙江省台州市，进而形成了覆盖长三角地区 16 个核心城市的合作格局。2010 年 3 月举行的长三角协调会第十次会议上，协调会决定新增合肥、盐城、马鞍山、金华、淮安、衢州 6 个城市成为会员，规模扩展至泛长三角地区的 22 个城市。2013 年 4 月举行的长三角协调会第十三次会议，同意吸收芜湖、连云港、徐州、滁州、淮南、丽水、宿迁、温州 8 个城市为成员，至此共有 30 个会员城市。

11.3.4 权力配置

权力配置，是指在合作和跨域治理结构中，合作者经协议确立的权力关系。长三角协调会的内部权力配置经历了从不明确到逐步稳定的转变。进入专题合作阶段后趋于稳定，协调会成员之间遵循平等协商自愿原则，通过商议决定合作事项。但在工作职责上，通过建立常任主席方赋予上海市总牵头的职责；通过建立轮值机制赋予其他城市在较短时期内的牵头权限，同时通过设立专题组明确具体专题的职责分工。这种"常任+轮值+专题组"的权力配置结构，有利于保障合作者赋有平等的决策权，通过确定总的牵头城市政府，确保合作事务的有效落实。

在协作办（委）成立之初，上海、南京、杭州三个城市的合作部门承担了牵头职责。成立之后，由于尚未开始实质合作，14个城市合作部门之间并未就具体职责达成协议。长三角协调会根据第一次会议确定的《协调会章程》，建立了以平等协商为原则的组织结构。协调会设常任主席方与执行主席方。其中，常任主席方由上海市担任，常设联络处设于上海市政府合作交流办公室；其他各城市按照城市排名轮流担任执行主席方，任期两年。上海市在协调会的权力配置中显然处于较为中心的位置，特别是在日常联络等工作中，承担着牵头推进的职责。执行主席配合常任主席方，负责召集和举行每两年一次的成员会议。

2007年举行的长三角协调会第八次会议确定了成员城市之间的权责关系。常任主席方由上海市担任，执行主席方由各成员城市轮流担任，轮值期为一年。协调会办公室在常任主席方设办公室作为常设办事机构，办公室正、副主任由上海、南京、杭州、宁波等市的合作部门负责人担任，其他成员城市的合作部门负责人均为成员。协调会设立专题组为协调会立项的合作专题实施机构，组长由专题牵头单位领导担任。

2014年、2015年,长三角协调会又先后设立了新型城镇化建设专业委员会、品牌建设专业委员会等五个专委会,以逐步形成行业主管部门牵头、成员城市共同推进的组织形式,促进协调会专题(课题)合作项目的开展与转化。

从不同阶段的组织架构来看,上海、南京、杭州、宁波等城市在协调会中担负着牵头协调的重要职责。同时,协调会通过设立专题组、专业委员会等责任机构,也可以使其他城市的有关部门在具体合作中发挥比较主动的作用。

11.4 长三角城市政府合作的过程

11.4.1 形成共识

形成共识是合作开展的必要条件,合作过程是一个不断强化和巩固共识的过程。在形成共识方面,长三角相关城市政府通过不断修改《协调会章程》来巩固和深化彼此对于区域合作的共识,这些共识包含对城市合作的意义、对国家区域战略的理解等方面。

长三角《协调会章程》的多次修改,体现了这一形成和巩固共识的过程。合作的共识首先体现在对区域合作目标的共识上,推进各城市的交流合作,是为了推进长三角地区的联动发展(长三角协调会第五次会议《协调会章程》修改草案,2004);其次体现在对国家区域发展政策的呼应,进而为率先全面建设小康社会,率先全面基本实现现代化做出积极的贡献(长三角协调会第八次会议《协调会章程》修改草案,2007)。

共识还体现在确定合作内容等具体工作的操作层面。长三角协调会以专题为推进合作的抓手，在每项专题设定之前，协调会办公室都要通过会员城市的合作部门收集专题意向，经过多次碰头会讨论后，形成向市长联席会议上报的专题合作提案，征求成员城市意见的同意率要达到70%以上，才能形成总体意向。

11.4.2 建立合法性

合法性包括形式、机构和机制等方面的合法性。合法性有助于增强合作各方对合作的信心和预期，当合作网络建立了覆盖多个层面的合法性时，合作成功的可能性更大（Bryson, Crosby & Stone, 2006）。在建立合法性方面，长三角协调会经过多次会议讨论，确立了在议事形式、合作实体机构等方面的合法性，并通过与省际合作机制衔接，获得各自所在省级政府的支持和认可。

长三角协调会通过定期会商机制确立了形式上的合法性。在机构合法性方面，协调会组织经历了不断调整和完善。1997年举办协调会第一次会议通过《长江三角洲城市经济协调会章程》后，随着协商制度的确立、合作范围的深化，以及会员城市的扩展，先后在2004年第五次会议、2005年第六次会议、2007年第八次会议、2009年第十次会议、2013年第十三次会议上，讨论表决了对《协调会章程》的调整。

第一是扩展会员范围，从原先15个城市逐步扩展到长江三角洲地区城市和其他地级以上城市，为扩容留下空间。

第二是增强与省级协调机制的衔接，如在2004年修改《协调会章程》中提出贯彻落实两省一市经济合作与发展座谈会的精神，2007年再次提出要落实更高级别的"沪苏浙主要领导座谈会"的战略部署。

第三是办事机构由虚变实，明确办公室作为常设机构的组成、职责和人员构成；明确议事形式的组成和会期。

第四是明确专题组职责，标志着在主要议事形式之外，协调会的实质运作是以专题项目合作为抓手的。

11.4.3 达成初步协议

清晰的初步协议有助于合作开展，协议内容可根据具体进展进行调整。初步协议包括正式计划和紧急情况时的非正式计划（Bryson，Crosby & Stone，2006），正式的组织计划将明确合作的使命、目标、职责和义务（Mattessich，Murray－Close & Monsey，2001）；规划的形式和内容对合作结果将产生不同程度的影响（Bryson，Crosby & Stone，2006）。

长三角协调会最初通过章程确定城市政府合作的宗旨与主要任务；在合作正式启动后，通过每次会期发布的协议明确下个年度的合作内容及其节点目标。长三角协调会是一个合作的平台性机构，没有就合作领域形成总体的规划或方案。从2004年协调会举办的第五次会议开始，每年度的市长联席会议均以举办地命名的合作协议形式，明确下年度合作专题的目标、范围和职责分工。对于年度合作的进展，通常也以上年的合作协议为依据进行评估。

11.4.4 管理冲突

管理潜在冲突的水平决定了合作的持续性（Bryson、Crosby & Stone，2006）。有效的冲突管理方式对合作的维持和成功将产生积极影响。在管理冲突方面，以长三角协调会是否扩容为例，尽管合作早已在实质上超越了地理空间上长三角地区的范围，但在合作机制设计上，协调会组织在没获得上级政府明确支持之前，始终回避扩容的问题。特别是上海经济区由于过快扩容导致协调不力的失败经历，使得协调会一直在扩容问题上保持谨慎态度。自协调会成立以来，会员以外的周边城市对加入协调会的热情很高,从2004以来就不断有城市递交入会申请书,媒体形容为"一股'融入长三角'之风在长三角经济圈的外线城市中刮起"。但如何加入、是否加入的问题一直以来在协调会内部存在争议。

长三角是我国经济总量最大的区域,基本特点是经济要素同质、生态体系同构、环境资源同享、经济水平同步性及人文资源相通。在经济发展中,存在着很大的利益冲突。冲突的领域主要有招商引资、税收减免、劳动人事、道路交通、基础设施、产业布局、生态环保、城市规划、信息公开等方面。《关于以筹办"世博会"为契机,加快长江三角洲城市联动发展的意见》的出台在一定程度上可以视为城市合作的共同纲领。通过长时间的信息交流,各城市加深了对其他兄弟城市和自己的认识,找到了合作方向。从这些合作的方向上看,主要集中在合作机制的建立、共同关心的城市区域竞争力和共同利益所在的方面,如基础设施建设、环境保护、人才与旅游合作和提升城市区域形象等易于合作的方面。但是,在有利益冲突的领域,如吸引投资和产业规划等,成员城市仅指出了意向性的合作方向,或采取回避或淡化态度。应当指出,这种求同存异的合作方式在一定程度上使得城市合作能够逐渐展开和不断深入。这不同于欧洲的潜在的冲突必须在合作的早期予以解决的城市合作经验。

11.4.5 中间成果

中间成果有助于合作者增强彼此的信任与共识,这些过程中的进步对维持合作而言十分重要(Ansell & Gash,2008;Rogers et al. 1993;Huxham & Vangen,2005)。取得中间成果是确保合作实现预期目标的必要环节,如果在合作过程中不断取得进展,合作成功的可能性更大。

长三角协调会运行期间的中间成果,主要体现在历次成员会议在议题、成果等方面的连续性上。1982 年迄今,长三角地区共计举办 5 届协作办(委)主任联席会议;1997—2015 年,共举办 15 次长三角城市经济协调会市长联席会议,2001 年以来举办 15 次副省级的经济合作与发展座谈会(2009 年开始更名为长三角地区合作与发展联席会议,扩容为江苏、浙江、上海与安徽三省一市),2004 年以来举办 10 次省市主要领导座谈会(2009 年后安徽纳入)。从会议主题来看,如果前后两次会议的主题呈现较高的连续性,那么一定程度上就表明各方在会议间歇期保持了紧密互动,合作取得积极的预期进展。以长三角协调会的成员会议为例,纵向比较 15 次会议的主要议题和协议,会发现每次会议在内容上基本保持前后相续,即首先讨论上次会议的专题进展情况,在此基础上研究如何深入,并形成新的合作意向和专题。

11.5　长三角城市政府合作的治理分析

治理维度涉及行动者、责任、持续互动三个变量。合作的行动者由不同层面的组织或个人构成,行动者的权责、能力和策略等直接影响合作行为;明确责任是合作开始和维持的重要前提。在长三角城市政府合作的 3 个阶段中,行动者的构成在进入专题合作阶段后有所拓展,从原先单一的合作部门拓展到省级政府、协调会会员城市政府,以及相关承担专题推进的职能部门等,它们基于各自职能承担相应合作事务;国家有关部委也通过规划等形式间接影响城市政府合作。在进入跨域联动阶段后,行动者经历了各自层面的行政机构改革,其职能和权责也相应调整,对城市政府合作有一定影响。持续互动是合作实现预期目标的必要条件。在合作的不同阶段,行动者之间的互动呈现不同的关系和状态,会影响合作行为及其成效。

11.5.1 垂直互动

沟通交流阶段，当时国家计委在撤销上海经济区规划办公室后，通过规划方式明确地方政府合作的政策导向。如在国民经济与社会发展《九五规划（1991—1996）》中，提出推动跨省、区、市的横向经济联合，把地方合作重心确定为经济合作。1991年中共中央、国务院同意上海市加快浦东地区开放，被当时长三角各地协作办的负责人认为是建立长三角区域合作机制的重要契机。

专题合作阶段，国家部委通过规划等形式间接影响长三角城市政府合作。原国家计委牵头编制的《九五计划（1996—2000）》中提出"区域积极协调发展"的主要任务。其中包括"九五"期间要形成长江三角洲及沿江地区等7个跨省区市的经济区域，以国家战略规划的形式明确了长三角经济区的概念和范围。从1999年举办的长三角协调会第二次会议开始，原国家计委和国家经贸委专门派员出席会议并作指导发言，以表明国家对长三角地区区域合作工作的支持态度。

跨域联动阶段，国家在"十五"计划、"十一五"规划、"十二五"规划中进一步强调了区域协调互动、深化合作的区域发展总体战略。2008年9月，国务院下发《关于进一步推进长江三角洲地区改革开放与经济社会发展的指导意见》，首次以国务院发文形式明确长三角地区的总体范围、战略定位和十项任务。在这份被视为未来长三角地区一体化发展的指导性文件中，提出"积极推进泛长江三角洲区域合作"，这一政策导向很快在长三角省际、城际的合作协调机制中得到积极回应。

国家发展改革委2010年正式发布长三角《区域规划》。《区域规划》是由国家发展改革委牵头组建的包括长三角有关省市政府在内的规划领导小组共同研究和编制的。在参加长三角协调会成员会议时，国家发展改革委负责人专门向成员城市介绍了区域规划编制的思路。长三角《区域规划》是对国务院《指导意见》的具体化，同时也明确了长三角地区在 2015 年前一体化发展的目标、任务和措施。对长三角协调会而言，无论是《指导意见》还是《区域规划》，都从总体上界定了合作的空间范围、发展方向和工作重点。国家发展改革委在下发《区域规划》的通知中也特别强调了区域内合作协调机制的作用，"要充分发挥长江三角洲地区区域合作协调机制的作用，建立健全泛长江三角洲地区合作机制，协调解决《规划》实施过程中遇到的重大问题。"

11.5.2　水平互动

沟通交流阶段，长三角地区省级政府之间尚未建立固定的协商互动机制。14 个城市以长三角协调会为合作平台，合作部门通过每年 1 次的协作办（委）负责人联席会议进行沟通交流。在浦东开发开放后，除上海外的其余 13 个城市多次组织当地的各个系统和所属企业到上海进行对接，协助企业到上海落户。

专题合作阶段，三地省级政府合作频繁，省市领导频频互访。2001 年，首届沪苏浙经济合作与发展座谈会举行，建立了定期协商与合作制度，标志着长三角地区的府际合作，从城市政府为主体的协调会上升至省政府层面。首届座谈会商定在建设区域大交通体系、促进区域生态环境治理、研究信息资源共享、联合开发旅游资源、建设三省市天然气管道网络五个方面加强合作。对长三角协调会而言，需要从战略目标、合作专题等方面与省际合作机制形成良好的对接。在 2003 年长三角协调会举办的第四次会议上，议定的合作专题大部分与三省市经济合作与发展座谈会相吻合。这一阶段地方政府之间的互动还表现在，上海制定的对内开放政策在长三角地区产生了积极的导向性作用，各地通过出台类似政策，拓展城市政府之间合作的政策空间。如1998年上海出台了《关于进一步服务全国、扩大对内开放若干政策意见》（以下简称"24条"），2001年经修订后下发新的"24条"（沪府发〔2001〕43号），就促进全国统一市场体系建设，促进与国内各地联动发展提出吸引企业的一系列优惠政策。新旧"24条"在长三角地区产生了较大影响，1999—2003年，江苏、杭州市、宁波市、苏州市、扬州市等省市先后发布了对内开放政策，内容与上海"24条"大致相同，重点是优化投资环境，在工商注册、企业所得税、人才引进等方面给予落户企业相应的优惠政策。值得一提的是，根据中央建设以上海为龙头的长江三角洲及沿江地区经济带的部署，长三角一些省市提出"接轨上海"口号，如浙江省2003年7月成立"省接轨上海参与长三角合作领导小组"及其办公室，由省发改委牵头，负责接轨和对接上海的合作活动。江浙两省一些地级市也先后出台接轨上海的实施意见。协调会成员城市通过两年一次会商保持稳定互动。从这一时期开始，城市政府中承担专题的职能部门，包括信息、科技、人事、旅游等部门都参与了协调会合作，通过信息共享、共同调研、起草预研报告、共同宣传等方式进行互动。

跨域联动阶段，两省一市经济合作与发展座谈会自2001年首次举办后，基本每年举办一次，商定下年度合作专题，2009年后更名为长三角合作与发展联席会议。从2005年12月开始，两省一市建立了更高级别的主要领导座谈会，安徽省从2010年后开始加入。至此，苏浙沪皖三省一市之间建立了三个层次的负责人会商机制，按照主要领导座谈会、经济合作与发展会议、城市经济协调会的顺序召开，分别发挥决策、协调、执行等不同层面的功能（由于多种原因，个别年份开会的顺序可能不一样）。国家发展改革委等宏观管理部门对三个层次的协调机制持肯定态度，认为不同层次合作机构与机制的建立和运作，标志着长三角区域合作正式进入了"制度合作"的重要阶段。

除定期会商外，三省一市还通过各自的总体发展规划进行衔接。从各省（市）发布的"九五""十五""十一五""十二五"规划来看，虽然具体表述稍有不同，但区域战略合作目标趋向一致：一是与国家同时期的区域政策、规划目标相衔接；二是通过区域合作促进区域经济一体化，包括各类要素的合理流动与资源优化配置；三是建设有较强国际竞争力的长三角世界级城市群。这些层面的相对一致，使长三角协调会在选择合作专题时具备一定的共识基础。特别是在各省市的"十二五"规划中，大都提到区域合作机制的作用，表明包括协调会在内的多层次区域合作协调机制，已成为各自发展战略中的重要措施。

在城市政府之间，长三角协调会成员从2004年之后，基本确立了三种合作互动的方式：一是会商，市长会议会期从两年一次更改为一年一次，由当年的执行主席方承办。二是专题，按照年度会议确定的下年合作专项，明确牵头部门与配合部门，共同组成专题组形成报告和工作方案。三是协同，各城市合作办派员参与协调会办公室的日常工作事项，并作为办公室在当地的联络员。

11.5.3 公私互动

1992—1996年，各地企业在本地协作办的组织指导下参与地区合作。如南京轧钢厂和上海宝钢厂开展了持续多年的合作。2003年长三角协调会第四次会议纪要首次提出政府与企业在长三角联动发展中的不同作用，各级政府在长江三角洲联动发展中是主导地位，而企业在长三角联合与合作中应当占据主角地位。2007年12月，城市经济协调会第八次会议在常州举行，此次会议主题为"落实苏浙沪主要领导座谈会精神、推进长江三角洲协调发展",会议明确指出,率先在国内组建若干区域性行业协会和非政府组织,搭建长江三角洲"第二合作平台"。这不仅意味着私有集团和非政府组织参与长江三角洲区域合作的新趋势正逐步浮现,而且标志着随着多元行为体的不断拓展,一种新的治理模式——各级政府、私有部门和市民社会多方参与的合作伙伴关系正在酝酿。

11.6 长三角城市政府合作的结果分析

11.6.1 直接影响

长三角协调会的直接影响体现在以协调会成员为主体达成的多项协议及专题成果。1997—2015年召开的15次长三角协调会成员会议,共计实施41项专题(第一次会议开始设立专题),开展47项研究型课题(第三次会议开始设立课题)。其中,专题作为合作由"虚"转"实"的抓手,通常包括实质性的项目合作;课题主要在一些需要规划研究的领域开展,通常形成一些项目预研和可行性报告,比较成熟的调研报告将被列入下一年度的协调会合作专题。如长三角协调会第六次会议提出的交通卡"一卡通""区域教育体系建设""区域信用体系建设"等课题,在经过一年左右的调研后,"一卡通"、高校毕业生就业合作等被列入协调会第七次会议合作专题。迄今,15次会议总计通过18项正式发布的文件,包括11份城市合作协议、不断修订的协调会章程等。

11.6.2 评估

长三角协调会建立了针对合作专题的内部评估机制。在协调会外部，无论是中央政府还是省级政府，都没有通过制度化形式对以协调会为载体开展的城市政府合作进行评估，而是通过与会等形式进行了肯定。

国家发展改革委等部门通过长期参会等形式对协调会工作给予肯定和支持。国家发展改革委官员在参会发言中称，长三角协调会"在推进长三角城市群经济和社会一体化发展过程中发挥了重要作用，为全国区域协调组织发挥了示范和带头作用"，对协调会工作给予积极评价。国务院在长三角区域发展规划中，评价长三角地区已经形成了"多层次、宽领域的合作交流机制"，提出要充分发挥现有的长三角地区区域合作协调机制的作用。

各地省级政府从2008年举行的两省一市主要领导座谈会开始，把协调会作为省际合作的执行层，纳入整体的区域合作机制框架，意味着协调会从一个自发的城市合作组织，转变为区域合作机制的组成部分。

合作各方虽然意识到建立评估制度的重要性，但目前的评估从层面上看，仅仅是内部的年度专题考核，对合作城市及有关部门的监督效果有限；从内容上看，尽管区域经济一体化是导致城市政府合作的重要初始条件，但与之相关的产业合作在协调会运作中所占比例很小，已开展的大部分合作分布在信息、教育、科技、交通等基础设施和公共服务领域，如在2004年之后推进的30余项专题和近30项课题中，与产业直接相关的均不到三分之一，在研究型合作课题中的比例稍高。由此导致的一个结果是，企业通常在政府的组织引导下参与区域合作，但合作对企业发展和区域经济一体化的影响却很难反馈到合作网络当中，难以得到评估。

11.6.3 持续性

合作和跨域治理的持续性,体现在发展了新的合作伙伴、取得长远的共同进步等方面(Innes & Booher,1999)。就长三角协调会所推动的城市政府合作而言,协调会的持续性不只体现为在内部会议所形成的协议、宣言,还体现在作为重要合作平台,参与推动了其他层面在广泛领域内的合作。

据不完全统计,在长三角协调会的直接推动或参与下,长三角地区的省级政府之间、协调会会员城市之间,通过协议、宣言、备忘录和规划纲要等形式,签订或发布了近40份规范性文件,规范多边在不同领域的合作关系和责任义务。

此外,在长三角协调会的参与或推动下,长三角建立了30多个以职能部门为合作主体的联席会议。在这些联席会议建立的规定中,均对联席会议成员单位构成、工作职责等进行了明确规定,以确保专题工作的联合推进。这些横向的合作机制从其主体来看,通常分为三类:第一类是直接由江浙沪省级行政管理部门作为成员,如人才开发一体化联席会议、区域创新体系联席会议、环境保护合作联席会议等;第二类是由职能部门主管的事业单位作为成员,如信息合作联席会议、科协合作联盟等;第三类是由政府主导,企业等共同参与的合作机构,如物流发展联席会议、长三角园区联盟等。

11.7 结语

长江三角洲城市经济协调会是以经济为纽带的区域性城市合作组织。该组织在长三角的城市合作和区域一体化中,起到了极大的推动作用，促进了长三角城市在旅游、交通等方面合作的不断拓展。在长三角地区城市政府合作体制方面进行了大量卓有成效的探索，从1997年长三角城市经济协调会开始，发展到现在的三个层面：省市主要领导峰会的"决策层"负责战略；常务省市长形成的战略贯彻"协调层"；最后是政府部门间专题委员会的"执行层"，包括信用体系建设、长三角金融合作、旅游合作、异地就医联网结算的医疗保险合作、标准相互认证的质量监督合作、城市"一卡通"的交通合作、市场准入联动的工商管理合作以及异地人才服务、高层次人才智力共享、专业技术职务资格互认、企业配套协作、科技联合攻关、科技公共服务平台建设、流域生态补偿机制框架的建立等，由硬件向软件，由经济向民生，由基础设施一体化向公共服务一体化拓展。

  长江三角洲城市经济协调会在长三角的城市合作和区域一体化中，起到了极大的推动作用，促进了长三角城市在旅游、交通等方面合作的不断拓展。总体上说，长江三角洲城市经济协调会作为一种非制度化的倡导式协调机构，不具有统一性和权威性，在与各地政府的利益相冲突时，很难做出明确的决策。同时，协调会也不具备共同行动的机制，因而即使在协调会上达成了共同的决议，也很难真正得到落实。在关系长江三角洲地区合作与协调发展的重大问题上，仍未形成共同的认识；一些涉及地方利益冲突的深层问题，一般不会在协调会的框架下进行协商或协调。如何针对跨域公共事务，在中央与地方府际关系、地方政府间关系、政府机关与社会关系、政府机关与企业组织关系的演化时序过程中，透过跨层次整合与战略互动关系，共同强化彼此服务的意义与目标，在取得相互认同的管理方式上，达到共商解决跨域公共事务的解决之道是长三角城市跨域合作与治理的未来发展方向。

参考文献

1. 巴希尔·玛祖兹（2010）．公私合作伙伴关系面临的议题、挑战和风险．国家行政学院学报，6．

2. 长江三角洲城市经济协调会办公室主编（2007）．走过十年．上海：文汇出版社．

3. 巴希尔·玛祖兹（2010）．公私合作伙伴关系面临的议题、挑战和风险．国家行政学院学报，6．

4. 长江三角洲城市经济协调会办公室主编（2007）．走过十年．上海：文汇出版社．

5. 胡雅龙（2010）．世界第六大城市群——长江三角洲城市群崛起之路．上海：上海社会科学院出版社．

6. 靖学青（2008）．经济增长、结构变动与区域差异——长三角地区实证研究．上海：学林出版社

7. 李广斌、王勇（2009）．长江三角洲跨域治理的路径及其深化．经济问题探索，5．

8. 林水波、李长晏（2005）．跨域治理．台湾：台北五南图书出版公司．

9. 李立军（2008）．20年前的长三角试验——关于上海经济区规划办公室的历史考察．今日浙江，15．

10. 陶希东（2010）．中国跨界区域管理：理论与实践探索，上海：上海社会科学院出版社．

11. Agranoff, R. (2006). Inside collaborative networks: Ten lessons for public managers, Public administration review, 66 (s1), 56−65.

12. Alter, C. & Hage, J, Organizations (1993). Working together.

Newbury Park, CA: Sage Publications

13. Ansell, C. , & Gash, A. (2007), Collaborative governance in theory and practice, Journal of public administration research and theory, 18 (4), 543 -571.

14. Berry, F. S. , & Brower, R. S (2005). Intergovernmental and intersectoral management: Weaving networking, contracting out, and management roles into third party government, Public Performance & Management Review, 29 (1). 7 -17.

15. Bryson, J. M. , Crosby, B. C. , & Stone, M. M. (2006). The Design and Implementation of Cross - Sector Collaborations: Propositions from the Literature, Public administration review, 66 (s1), 44 -55.

16. Chen, B. , & Graddy, E. A (2005). Inter - organizational collaborations for public service delivery: A framework of preconditions, processes, and perceived outcomes, In ARNOVA Conference, (17). 19.

17. Gray, B. (1989). Collaborating: Finding common ground for multiparty problems, San Francisco: Jossey - Bass.

18. Gray, B. , & Wood, D. J (1991). Collaborative alliances: Moving from practice to theory, The Journal of Applied Behavioral Science, 27 (1), 3 -22.

19. Human, S. E. , & Provan, K. G (2000). Legitimacy building in the evolution of small - firm multilateral networks: A comparative study of success and demise, Administrative Science Quarterly, 45 (2), 327 -365.

20. Huxham, C. , & Vangen, S (2005). Managing to collaborate: The theory and practice of collaborative advantage, NY: Routledge.

21. Imperial, M. T (2005). Using collaboration as a governance strategy

lessons from six watershed management programs, Administration & Society, 37 (3), 81 -320.

22. Innes, J. E., & Booher, D. E (1999). Consensus building and complex adaptive systems: A framework for evaluating collaborative planning, Journal of the American Planning Association, 65 (4). 412 -423.

23. Mattessich, P. W., Monsey, B. R., & Murray-Close, M. (2001). Collaboration——what makes it work, Minnesota: Amherst H. Wilder Foundation.

24. Milward, H. B., & Provan, K. G. (1998). Principles for controlling agents: The political economy of network structure. Journal of Public Administration Research and Theory, 8 (2), 203 -222.

25. Rogers, T., Howard-Pitney, B., Feighery, E. C., Altman, D. G., Endres, J. M., & Roeseler, A. G. (1993). Characteristics and participant perceptions of tobacco control coalitions in California, Health Education Research, 8 (3). 345 -357.

26. Sullivan, H., & Skelcher (2002). C. Working across boundaries: collaboration in public services. NY: Palgrave.

27. Thomson, A. M. (2001). Collaboration: Meaning and measurement, Ph. D. diss, Indiana University.

后　记

《中国政府建设与发展报告 2016—2017》选择国家治理与政府创新作为研究对象，是因为国家治理与政府创新对当下中国具有至关重要的意义。本报告以国家治理与政府创新为主线，就是要强调政府改革与创新发展是国家治理现代化的关键因素。围绕这一主题，本报告结合理论与实践，从公共服务与政府创新、电子治理与政府信任、跨域治理与区域发展多维度进行了分析研究，希望能在学术研究和为政府制定政策提供参考方面做出自己的贡献。

本报告是集体合作的成果。各章的撰写人员为：第 1 章，朱春奎、易雯；第 2 章，朱春奎、毛万磊；第 3 章，石慧；第 4 章，李文娟、李燕、朱春奎；第 5 章，朱春奎、毛万磊；第 6 章，朱春奎、毛万磊、李玮；第 7 章，毛万磊、朱春奎；第 8 章，申剑敏、朱春奎；第 9 章，易雯、朱春奎；第 10 章，朱春奎、申剑敏；第 11 章，申剑敏、朱春奎。

本报告的编辑与出版受益于国家社科基金重大项目《中国基本公共服务供给侧改革与获得感提升研究》（项目编号：16ZDA081）和上海市科技创新与公共管理研究中心的支持。本报告的顺利完成，与复旦大学竺乾威教授、陈志敏教授、刘季平教授、苏长和教授、陈玉刚教授和顾东辉教授等人的支持是分不开的。在此，我们深表谢意！同时也感谢复旦大学文科科研处、复旦大学国际关系与公共事务学院科研与学术服务中心对这项研究的支持和帮助！